AF573277

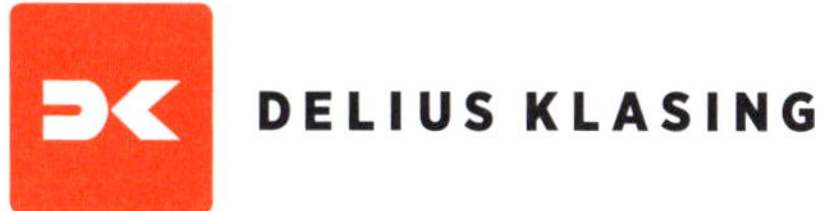
DELIUS KLASING

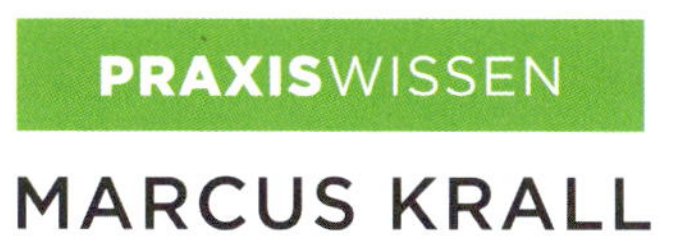

MARCUS KRALL

EINFACH ANGELN VON BORD

BESSER FANGEN IN NORD- UND OSTSEE

Delius Klasing Verlag

Inhaltsverzeichnis

Vorwort

So, so, Sie möchten also demnächst selbst gefangenen Fisch mit nach Hause bringen oder gleich an Bord zubereiten? Klar, sonst hätten Sie dieses Buch nicht gekauft. Garantieren kann ich Ihnen schon vorab: Sie werden es nicht bereuen. Rund 6,5 Millionen Menschen in diesem Land können sich kaum irren, das sind acht Prozent der Gesamtbevölkerung. Sie greifen mindestens einmal pro Jahr zur Rute, viele von Ihnen verbringen mehrere Wochenenden im Jahr am oder auf dem Wasser, manche gar an über 100 Tagen im Jahr. Nur als kleiner Vergleich: Es gibt genauso viele Fußballer (Volkssport Nummer 1!), etwa 1,3 Millionen Tennisspieler und rund 200.000 aktive Segler. Angeln ist ein extrem beliebtes Hobby in Deutschland und liegt auch bei jungen Menschen im Trend, die sich mit kleiner Ausrüstung die Reviere vor ihrer Haustür vornehmen und sogenanntes street oder urban fishing betreiben und ans Gewässer mit dem ÖPNV anreisen – Angler fahren U-Bahn. Der gesamtökonomische Nutzen der Angelfischerei beträgt in Deutschland laut dem Deutschen Angelfischerverband (DAFV) etwa 6,4 Milliarden Euro pro Jahr.

Was macht aber nun die »Faszination Angeln« aus? Ist es das Naturerlebnis? Das kleine Stück Freiheit im sonst oft sehr reglementierten Alltag? Oder kommt der Jagdinstinkt durch, den der Mensch nie ganz abschütteln konnte? Für mich, das kann ich bedenkenlos konstatieren, ist es eine Mischung aus allem. Das beginnt schon mit der Vorbereitung des Trips im Keller oder der Garage. Dreht die Rolle reibungslos? Sind alle Haken noch nadelspitz? Und fehlt nicht doch ein Pilker in 60 Gramm und Silber-Rot? Die Eventualitäten werden durchgespielt, bis die Ausfahrt näher rückt. Bin ich wirklich gut vorbereitet?

Dann dreht sich alles ums Wetter. Welcher Wind ist zu erwarten und vor allem aus welcher Richtung? Ist der Luftdruck stabil, fallend oder steigend? Ändern kann man daran sowieso nichts und an einem anderen Tag als eben diesem Samstag ist auch keine Zeit. Aber die Beobachtungen gehören dazu und steigern in gewisser Weise die Vorfreude. Dann werden die Leinen gelöst, die Ruten montiert und insgeheim gehofft, dass das montierte System schon beim ersten Auswurf einen Biss bringt. Das Boot stampft durch die Wellen, das GPS zeigt die Route zum definierten Revier. Was wird der Tag bringen? Fange ich überhaupt etwas? Manchmal dämpft ein erstes Kaltgetränk bei manchem (nicht beim Skipper!) die Aufregung, auch um 8 Uhr morgens. Das Zeichen, dass es endgültig losgeht, ist das abflauende Motorengeräusch. Nur wenige Meter sind es bis zur avisierten Position und mit einem kleinen Stoßgebet verschwinden auf ein Zeichen des Skippers die Köder in den Fluten. Ist dann die erste Rute krumm, gleich bei wem, ist der Tag eigentlich schon gerettet. Der Plan ist aufgegangen, das Abendessen gesichert. Wird die Fischkiste noch voller an diesem Tag, umso besser.

Solche »Karrieren« beginnen, wie in meinem Fall, früh. Ich saß schon im zarten Alter von vielleicht fünf Jahren regelmäßig auf der Segler- und Mittelbrücke in Wyk auf Föhr – dort »musste« ich immer in den Sommerferien hinfahren – und versuchte Schollen zu fangen, die größer als mein Handteller waren. Viele Angler, die ich kenne, begannen so und fuhren dann auf Angelkuttern auf die Ostsee, schwangen die Spinnrute vor Steilküsten, um die ultimative Meerforelle zu erwischen oder buchten Ferienhäuser mit Offshore-Booten in Nordnorwegen – der Heilbutt jenseits der 2-Meter-Marke stand auf der Agenda ...

Das setzt jedoch voraus, dass man sich diesem Hobby verschreibt und mit der Zeit immer weiteres Wissen anhäuft und auch versteht, worüber in Fachzeitschriften und Internet-Foren so geschrieben und diskutiert wird. Wer ganz von vorn startet, der steht meist etwas »verloren« da. Wie komme ich schnell zum Erfolg? Welches Gerät ist wirklich wichtig? Und wann fahre ich wohin? Zur Beantwortung ebendieser Fragen ist dieses Buch geschrieben, da es – meiner Meinung nach – zu wenig Literatur für Einsteiger gibt, die sich mit solchen Fragen beschäftigt.

Bereits in den 1990er-Jahren hatte der Delius Klasing Verlag mit »Angeln von Bord« ein ähnliches Werk im Programm, das mehrfach nachgedruckt wurde. »Einfach angeln von Bord« baut darauf auf, berücksichtigt aber aktuelle Entwicklungen, neue Fangmethoden und Regelungen. Man kann beim Angeln oder beim Schreiben darüber »das Rad nicht neu erfinden«. Aber man kann mit journalistischer Expertise die Texte so formulieren und den Aufbau eines Buches so gestalten, dass auch jemand ohne oder nur mit sehr geringen Vorkenntnissen das Thema versteht. Das ist der Anspruch von »Einfach angeln von Bord«. Sie sollen nach der Lektüre so vorbereitet sein, dass Sie sich eine geeignete Ausrüstung besorgt haben, auf der Seekarte erkannt haben, wo Sie einen Angelstopp einlegen könnten und dann hoffentlich dort das Abendessen sichern können. Falls das nicht funktioniert, keine Sorge. Ich habe für solche Tage auch immer ein paar Konserven an Bord.

Haben Sie Spaß mit diesem Buch und vor allem bei Ihren ersten Ausfahrten viel Erfolg! Sollten Sie Fragen oder Probleme haben, schicken Sie gern eine Mail an: *marcuskrall@aol.com*

Marcus Krall

1 Welcher Schein muss sein?

1.1 Deutschland

Wer in deutschen Küstengewässern angeln möchte, muss einige Dinge beachten. Dabei können die Regelungen je nach Bundesland variieren, allgemein gilt jedoch bundesweit eine Fischereischeinpflicht: Das heißt, dass Sie, um – egal an welcher Art von Gewässer – angeln zu dürfen, einen gültigen Fischereischein benötigen. Diesen erhalten Sie nach bestandener Fischerprüfung gegen Vorlage des Prüfungszeugnisses beim Ordnungsamt. Dabei ist es egal, in welchem Bundesland Sie Ihren Schein gemacht haben – der Fischereischein wird bundesweit anerkannt. Zusätzlich ist es erforderlich, eine Fischereiabgabe zu entrichten. Diese wird entweder nachträglich gezahlt oder bereits mit der Gebühr für die Erteilung eines Fischereischeins erhoben. Ein entsprechender Nachweis wird mit der Entrichtung der Abgabe im Fischereischein vermerkt. Sollten Sie außerhalb Ihres Heimatbundeslandes angeln wollen, brauchen Sie in der Regel keine neue Fischereiabgabe zu bezahlen. Bei inländischem Tourismus werden alle Fischereiabgaben der Bundesländer anerkannt.

Mit einem Fischereischein und entrichteter Fischereiabgabe können Sie sich ins Angelvergnügen stürzen. Niedersachsen, Schleswig-Holstein und Mecklenburg-Vorpommern sind die deutschen Bundesländer, die an Küstengewässer grenzen. Beachten Sie, dass in Mecklenburg-Vorpommern ein Küstenfischereischein erforderlich ist, um an Küstengewässern zu angeln. Diesen erhalten Sie für kleines Geld bei vielen Angelserviceläden, Tankstellen sowie Fremdenverkehrs- und Kurverwaltungen in der Region. Für die Geltungsdauer von einer Woche kostet der Schein 10 Euro, für ein Jahr sind es 20 Euro. Im Bundesland Niedersachsen dagegen benötigen Sie beim Angeln an Küstengewässern keine Extra-Erlaubnis, in Schleswig-Holstein ist eine eigene Fischereiabgabe zu entrichten.

Überwacht wird die Einhaltung dieser Regelungen zur Fischereischeinpflicht von der sogenannten Fischereiaufsicht, die meist aus Beamten der oberen Fischereibehörde besteht, von privaten Fischereiaufsehern, aber auch gelegentlich von Polizei und Küstenwache.

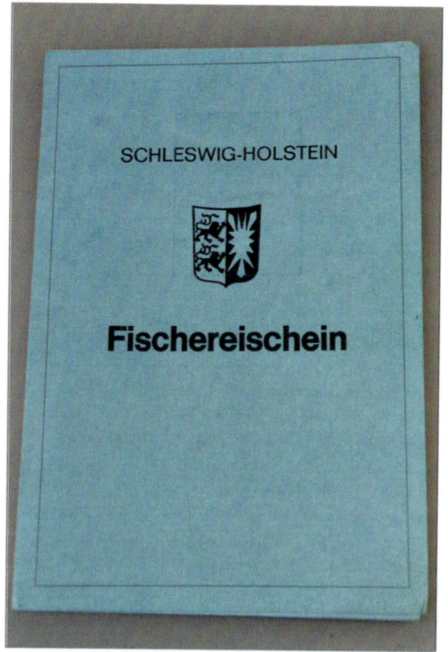

Touristen-Fischereischein

In den Bundesländern Schleswig-Holstein und Mecklenburg-Vorpommern gibt es außerdem noch eine weitere Sonderregelung: Hier ist es möglich, auch ohne Fischereischein zu angeln. Dafür müssen Hobbyangler ohne Fischereischein bei den örtlichen Ordnungsämtern einen sogenannten »Touristen-Fischereischein« beantragen.

In Schleswig-Holstein gilt diese Ausnahmegenehmigung für 28 Tage und kostet 20 Euro, plus weitere 10 Euro für die Fischereiabgabemarke. Der Schein ist gegen eine Gebühr von 10 Euro einmalig um weitere 28 Tage verlängerbar. In Mecklenburg-Vorpommern kostet der Touristenfischereischein einmalig 24 Euro für einen Zeitraum von ebenfalls 28 Tagen, kann aber später mehrfach verlängert werden. In beiden Bundesländern können Sie die Ausnahmeregelung auch dann in Anspruch nehmen, wenn Sie Ihren Wohnsitz vor Ort haben – Sie müssen also nicht zwangsweise ein Tourist sein.

Mit Ausstellung des Touristenfischereischeins erhalten Hobbyangler eine Broschüre, die alle notwendigen Kenntnisse der Fischereiausübung und zum waidgerechten Umgang mit gefangenen Fischen kurz und knapp vermitteln soll. Die Broschüre ist selbstverständlich kein Ersatz für die umfangreichen Kenntnisse, die durch eine Fischerprüfung erlangt werden, hilft aber dabei, die Grundlagen des regelkonformen Angelns zu verinnerlichen.

Sportbootführerschein

In Deutschland gilt grundsätzlich sowohl auf See- als auch auf Binnengewässern eine Bootsführerscheinpflicht. Unter bestimmten Voraussetzungen ist es jedoch möglich, auch ohne Führerschein ein Boot zu führen. Ausschlaggebend dafür sind die Motorleistung und die Größe des Bootes. Auf Nord- und Ostsee dürfen Motorboote mit einer Nutzleistung von bis zu 15 PS (11,03 KW) ohne Führerschein gefahren werden. Dabei gilt es stets, die Gefahren des Meeres im Hinterkopf zu behalten. In den Küstengewässern kommt es regelmäßig zu tragischen Unfällen, die jedes Jahr mehrere Menschen das Leben kosten. Ein gesunder Respekt vor den Tücken der See und umsichtiges Verhalten können Leben retten.

Schonbezirke und Schutzgebiete

Es gibt zahlreiche Naturschutzgebiete und Fischschonbezirke entlang der deutschen Küste, die es zu beachten gilt, wenn Sie angeln möchten oder mit dem Boot unterwegs sind. Meist sind solche Gebiete durch Schilder oder Schautafeln ausgewiesen, auf denen beschrieben ist, was erlaubt ist und was nicht. So ist in manchen Bereichen das Angeln zu bestimmten Zeiten nicht erlaubt, während in anderen sogar der Aufenthalt verboten ist. Wenn Sie mit dem Boot unterwegs sind, kann es jedoch schwer werden, sich an die Verbote zu halten, denn auf dem Meer gibt es nur selten Schilder; viele Schutzgebiete, wie etwa die Nationalparks und Biosphärenreservate rund um Rügen, können daher nur mithilfe eines GPS-Kartenplotters ermittelt werden. Informieren Sie sich am besten vor dem Törn über die örtlichen Gegebenheiten.

LAND / FISCHART	SCHLESWIG-HOLSTEIN	MECKLENBURG-VORPOMMERN	NIEDER-SACHSEN	DÄNEMARK
AAL	45 cm	50 cm / 01.12. - 28.02.	35 cm	40 cm
AALMUTTER	23 cm / 15.09. - 31.01.	-	-	23 cm / 15.09. - 31.01.
DORSCH	Nordsee: 35 cm Ostsee: 38 cm / 15.01. - 31.03.	35 cm / 15.01. - 31.03.	-	35 cm
FLUNDER	25 cm / weibliche Flunder: 01.02. - 30.04.	25 cm	-	25,5 cm / nur weibliche Fische: 01.02. - 30.04. (westliche Ostsee und Lillebelt-Umgebung)
HERING	20 cm	-	-	Nordsee, Limfjord, Ringkøbingfjord: 20 cm / Skagerrak, Kattegat: 18 cm
KLIESCHE	-	25 cm	-	-
LACHS	60 cm / Lachse im Laichkleid: 01.10. - 31.12. (silbrige Fische ausgenommen)	60 cm / 15.09. - 14.12.	50 cm / 01.10. - 15.03.	60 cm / Lachse im Laichkleid: 16.11. - 15.01. Wattenmeer: 15.09. - 29.02.
MAKRELE	Nordsee: 30 cm	-	-	30 cm
MEERFORELLE	40 cm / Lachse im Laichkleid: 01.10. - 31.12. (silbrige Fische ausgenommen)	45 cm / 15.09. - 14.12.	40 cm / ganzjährig	40 cm / mit Laichfärbung: 16.11. - 15.01. Wattenmeer: 15.09. - 29.02. (alle Meerforellen), Um Bornholm: 15.09. - 29.02. (Im Laichkleid)
SCHOLLE	Nordsee: 27 cm Ostsee: 25 cm / weibliche Scholle: 01.02. - 30.04.	25 cm	-	27 cm (25 cm in der Ostsee) / nur weibliche Fische: 15.01. - 30.04.
STEINBUTT	30 cm / 01.06. - 31.07.	30 cm / 01.06. - 31.07.	-	30 cm
WITTLING	Nordsee: 27 cm Ostsee: 23 cm	-	-	27 cm (Skagerrak, Kattegat: 23 cm)

Mindestmaße und Schonzeiten
Wenn Sie an der deutschen Küste angeln möchten, müssen Sie die Mindestmaße und Schonzeiten für viele der dort vorkommenden Meeresfische beachten. Für die meisten Fischarten gibt es gesetzliche Mindestmaße, die festlegen, ab welcher Größe ein Fisch mitgenommen und getötet werden darf. Für einige gibt es auch Schonzeiten, in denen sie gar nicht oder nur eingeschränkt gefangen werden dürfen. So gibt es ab 2022 für Dorsche und Lachse in der Ostsee ein sogenanntes Bag-Limit. Dieses begrenzt die gefangenen Exemplare auf einen Dorsch oder Lachs pro Angler und Tag. Für Dorsche beschränkt sich dieses Limit auf die westliche Ostsee, für Lachse gilt es in der gesamten Ostsee. Diese Regelungen sollen dafür sorgen, dass Fische innerhalb ihrer Laich- und Fortpflanzungszeit nicht gestört und gefährdete Arten geschont werden. Angler sollten sich unbedingt an diese Restriktionen halten: Eine Nichtbeachtung kann empfindliche Geldstrafen nach sich ziehen.

Waffengesetz
Beim Angeln werden unter Umständen Werkzeuge benötigt, die unter das deutsche Waffengesetz fallen. Das betrifft zum Beispiel Einhandmesser sowie Messer mit feststehender Klinge und einer Länge von mehr als 12 Zentimetern. Viele Multitools und etwa auch Filetiermesser sind daher grundsätzlich verboten. Für Angler greift hier allerdings eine Ausnahme: Bei »berechtigtem Interesse« – das können zum Beispiel sportliche Zwecke sein – ist es erlaubt, Messer und ähnliche Werkzeuge, die unter das Waffengesetz fallen, mitzuführen. Juristisch gesehen ist Angeln ein Sport, und zum tierschutzgerechten Töten eines gefangenen Fisches benötigen Sie ein Messer. Daher entfällt für Sie als Angler das Führungsverbot – das Messer muss allerdings in direkter Verbindung mit der Angelfischerei stehen.

1.2 Dänemark

Fischereischein, Mindestmaße und Schonzeiten
Um in dänischen Gewässern angeln zu können, benötigen Sie einen staatlichen dänischen Angelschein, der ohne vorherige Prüfung erhältlich ist. Der Schein gilt nur in Verbindung mit einem gültigen Personalausweis und ist nur verpflichtend, wenn Sie zwischen 18 und 65 Jahre alt sind. Sollten Sie vorhaben, mit mehreren Personen von einem Boot aus zu angeln, liegt es in der Verantwortung des Bootsführers, dass alle angelnden Insassen im Besitz eines gültigen Fischereischeins sind und einen Personalausweis bei sich haben. Der sogenannte »Fisketegn« ist neben verschiedenen Tourismus-Büros, Angelgeschäften, Postämtern, Kiosks oder zahlreichen Campingplätzen auch online über die Seite *www.fisketegn.dk* erhältlich. Eine Tages-, Wochen- oder Jahreskarte kostet etwa 5, 17 oder 25 Euro. Über die Webseite ist auch eine mobile App verfügbar, die neben der Möglichkeit, den »Fisketegn« zu erwerben, weitere Informationen zu den in Dänemark geltenden Mindestmaßen und Schonzeiten bietet.

Fisch- und Naturschutzgebiete
Der Schutz von Fischarten und Natur wird in Dänemark großgeschrieben.

Es gibt zahlreiche Schutzgebiete, in denen ganzjährig oder zeitlich begrenzt nicht gefischt werden darf. Wo sich diese Gebiete befinden und in welchem Zeitraum sie gelten, können Sie im Internet unter *www.fredning.dk* oder über die bereits erwähnte Fisketegn-App einsehen. Sofern gewünscht, erfasst diese sogar Ihren aktuellen Standort und zeigt an, ob sich in der Nähe ein Schutzgebiet befindet, beziehungsweise, ob Sie sich bereits in einem aufhalten. Neben Fischschutzgebieten gibt es an der Küste Dänemarks auch viele Naturschutzgebiete, die in der Regel durch Schilder gekennzeichnet sind.

Das dänische Waffengesetz

Wie auch in Deutschland, ist der Besitz von Waffen in Dänemark grundsätzlich verboten. Das Tragen eines Messers an allen öffentlich zugänglichen Orten ist untersagt, außer es handelt sich um ein Messer, das für berufliche oder sportliche Zwecke benötigt wird, etwa zum Tauchen, Segeln oder Angeln. Ausgenommen von dem Verbot sind Taschenmesser, deren Klingenlänge weniger als sieben Zentimeter misst, sofern deren Klinge nicht festgestellt werden kann. Ausnahmslos verboten sind Messer, die einhändig geöffnet werden können (z. B. Springmesser) und auch das Mitführen eines Fischtöters (Priest) ist, außer für Angler, untersagt.

Als Angler dürfen Sie also ein für diesen Zweck verwendbares Messer mit sich führen, allerdings nur auf dem Weg zum Angeln, währenddessen oder auf dem Rückweg. Außerdem sollte Ihr Angelmesser immer sorgfältig verstaut sein; während des Transports am besten im Kofferraum und beim Angeln nicht am Gürtel, sondern in einem Angelkoffer oder ähnlichem.

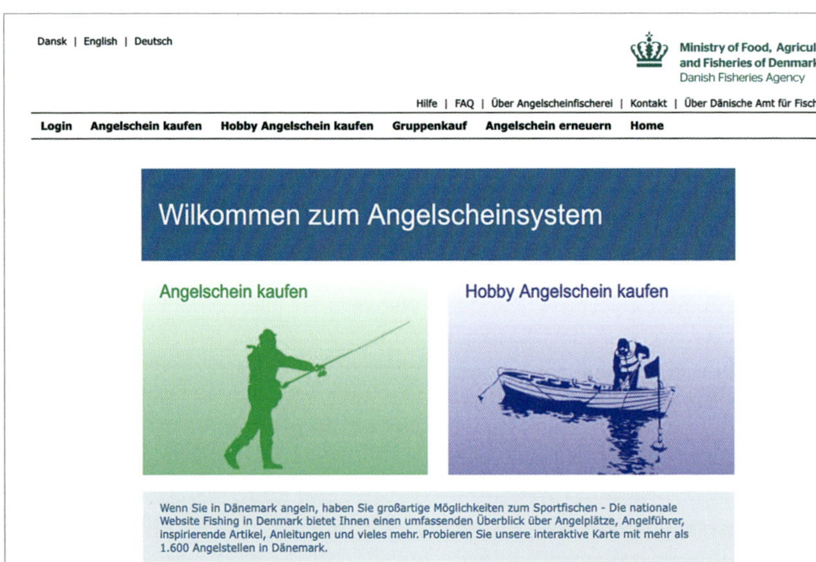

2 Welche Rute & Rolle?

Mit ihrem Equipment beschäftigen sich viele Angler lang und gern. Kein Wunder: Dies ist ein Teil des möglichen Fangerfolgs, den man aktiv beeinflussen und planen kann. Mit welcher Rolle wirft es sich vielleicht etwas weiter, welche Rute führt den Köder besser, und welches Vorfach ist vielleicht etwas attraktiver als andere? Beginnt man mit dem Angeln, sollte man sich darüber noch nicht so viele Gedanken machen. Nachfolgend gibt es erst einmal grundlegende Tipps, was wirklich wichtig ist bei den ersten Törns.

2.1 Ruten

Erfahrene Angler haben oftmals eine ganze Armada von Angelruten im Keller stehen. Für jeden Fisch gibt es nämlich eine spezielle Rutenart mit besonderen Anforderungen in puncto Länge, Wurfgewicht und Aktion. Die gute Nachricht: Sie kommen im Großen und Ganzen mit einer Rute aus.

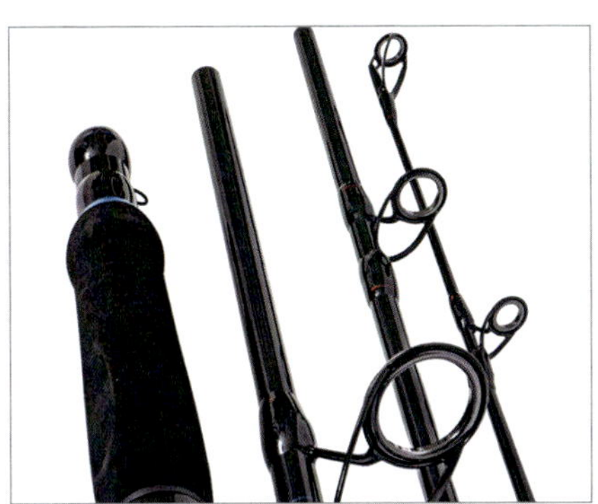

Angelrute: Gute Verarbeitung ist wichtig.

Grundsätzlich sind bei Angelruten, die heutzutage ausnahmslos aus Kohlefaser gefertigt werden, zwei Arten zu unterscheiden: die Steck- und die Teleskoprute. Die Steckrute besteht meistens aus zwei Teilen, die eben ineinandergesteckt werden; die Teleskoprute besitzt mehrere Segmente, die ineinandergeschoben werden. Dadurch ergibt sich bei ihr ein kleineres Packmaß, was auf Booten mitunter von Vor-

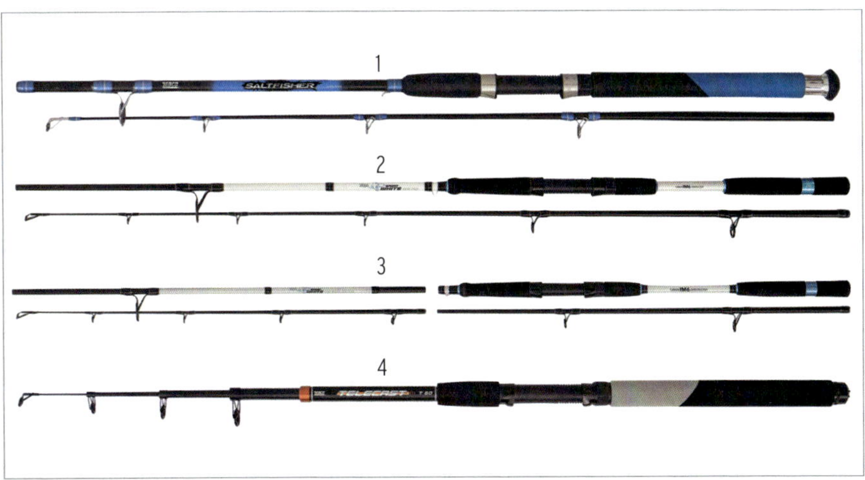

1 Bootsrute, 2 Pilkrute, 3 Reiserute, 4 Teleskoprute.

teil sein kann. In puncto Handling und Aktion hat indes die Steckrute die Nase vorn, weil ihr Blank – so heißt der Rohling im Fachjargon – nicht so häufig unterbrochen oder geteilt wird.
Einen Kompromiss stellen sogenannte Reiseruten dar. Diese Steckruten besitzen drei bis fünf Teile, stehen ihren zweigeteilten »Schwestern« in Sachen Aktion kaum nach und weisen die angenehme Transportlänge einer Teleskoprute auf. Oft werden solchen Reiseruten in Rohren geliefert und sind damit auch noch gut geschützt.

Als angehender Bootsangler benötigt man eine Rute, die sich an Bord gut handhaben lässt, Ködergewichte bis etwa 100–120 Gramm bewältigt, dabei aber sensibel genug ist, um auch Blinker und Gummifische mit etwa 30 Gramm zu führen. Als grundlegende Eckdaten sind eine Länge von 2,40 bis 2,70 Meter und ein Wurfgewicht von 50 bis 100 Gramm zu empfehlen. Im Fachhandel oder bei Online-Versendern gibt es solche Ruten bereits ab 30 Euro, wobei man aber mindestens 50 Euro investieren sollte. Gängige Marken sind etwa *Zebco, Daiwa, WFT, Rhino, Balzer, Penn* oder *Shimano*. Mit einer solchen Rute lassen sich nahezu alle Fische bezwingen, die in der Nord- oder Ostsee umherschwimmen. Sollte einer der ganz seltenen 15-Kilo-Dorsche Ihren Pilker »inhalieren«, mag sie an ihre Grenze kommen, aber dieser doch sehr unwahrscheinliche Fall ist zu vernachlässigen.
Wer mit Kindern unterwegs ist, wählt die Rute für sie wesentlich kürzer. Längen bis maximal zwei Meter haben sich bewährt und ein möglichst geringes Rutengewicht. Auch fühlen sich kleine Menschen mit diesen kürzeren Ruten oftmals wohler.

Sobald Sie tiefer in die Materie einsteigen, werden Sie sich vielleicht zum Plattfischangeln eine Rute mit sensibler Spitze oder gar eine spezielle Rute mit auswechselbaren Spitzen zulegen und zum Schleppen auf Lachs und Meerforelle sogenannte Downrigger-Ruten.

2.2 Rollen

Blickfang einer jeden Ausrüstung ist die Angelrute. Kern des Equipments ist allerdings eine vernünftige Rolle. Auf ihr liegt eine starke Belastung, deshalb sollten Sie ihr besondere Beachtung schenken. Auch hier gibt es bauliche Unterschiede beziehungsweise zwei Typen von Rolle: die Stationär- und die Multirolle. Bei einer Multirolle dreht sich die Spule beim Auswerfen und Einholen der Angelschnur mit, bei einer Stationärrolle hingegen wird die Schnur quer zur Rute gewickelt.

Die Kennzeichen einer Stationärrolle sind die Folgenden:

- Frontbremse: Bei der Frontbremse werden das Bremseinstellrad und

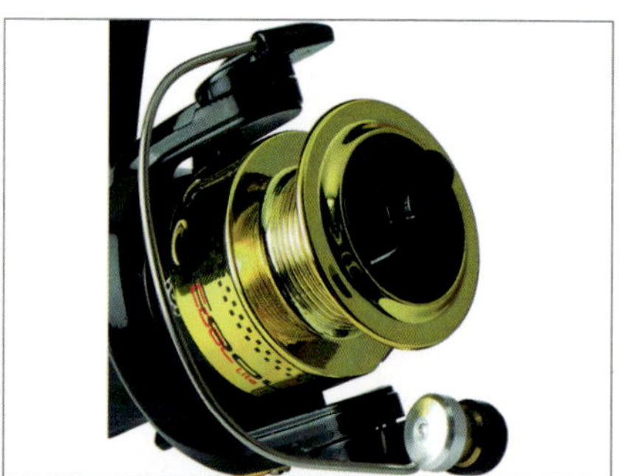

Stationärrolle mit Frontbremse.

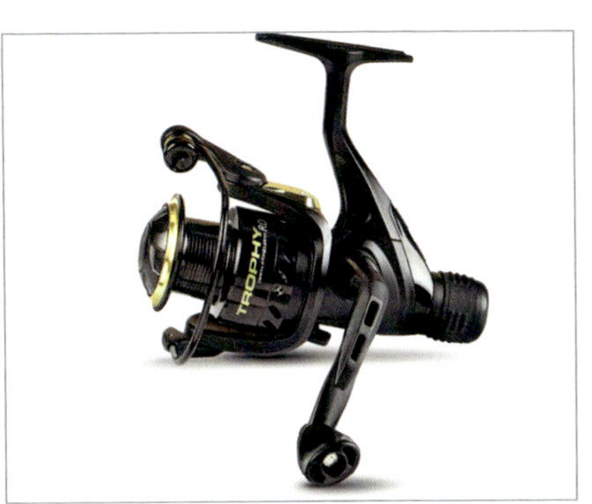

Stationärrolle mit Heckbremse.

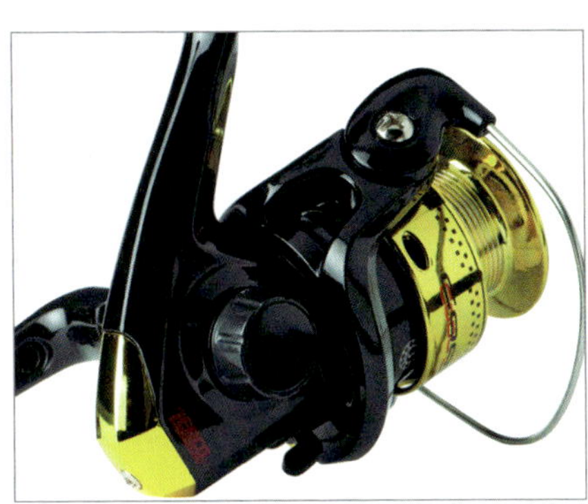

Beidseitig kurbelbare Rolle.

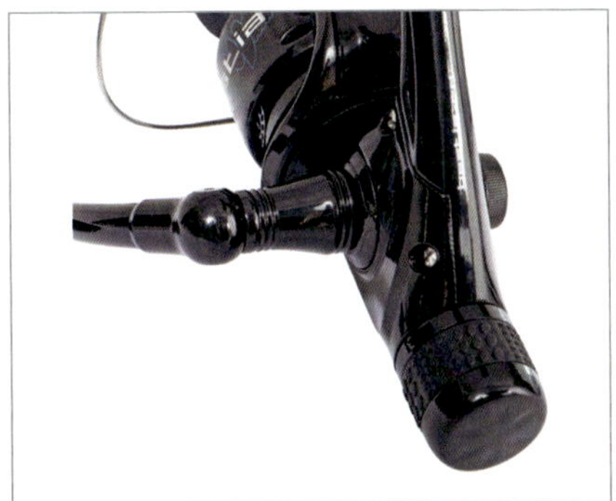

Eine Heckbremse lässt sich schnell justieren.

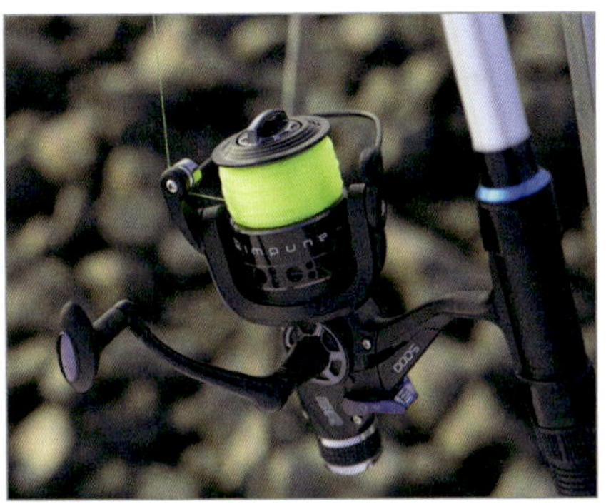

Gut bespulte Rolle.

die Bremsscheiben in die Spule integriert. Durch die größere Bremsfläche lässt sich die Bremswirkung fein und kraftvoll einstellen. Eine Rolle mit Frontbremse ist beim Meeresangeln erste Wahl.

- Getriebe: Das Getriebe ist das Herzstück der Angelrolle. Mittels Zahnrädern und Antriebswelle regelt es den Spulenhub. Beliebt ist ein Schnecken-Getriebe.
- Heckbremse: Sie ist die Alternative zur Frontbremse. Mittels Bremsknauf am Heck dosiert man die Bremskraft der in Reihe geschalteten Bremspakete. Der Schnurabzug lässt sich während des Drills fein steuern. Dies sei hier nur der Vollständigkeit halber erwähnt, hat die Heckbremse ihren Platz doch eher beim leichten Süßwasserangeln.
- Kugellager: Sie dienen dazu, drehbare Teile zu fixieren und ein leichtes Drehen zu ermöglichen. Bei Rollen zählt nicht die Anzahl der Kugellager, sondern die Stelle, wo sie verbaut wurden, und auch die Qualität ihrer Installation.
- Kurbel: Sie regelt den Antrieb der Rolle und ist bei vielen Stationärrollen umsteckbar von Links- auf Rechtshandbetrieb, sodass Links- wie Rechtshänder auf ihrer bevorzugten Seite kurbeln können. Der Umbau ist

dabei kinderleicht und innerhalb von wenigen Augenblicken geschehen. Ein integriertes Gelenk erleichtert den Rollentransport (Klappkurbel).

- Rotor: Das Bindeglied zwischen Spule und Rollengehäuse. Seine Drehbewegung dient dazu, die Schnur auf- bzw. abzuwickeln.
- Übersetzung: Bei Stationärrollen bewirkt eine einzige Kurbelumdrehung mehrere Umdrehungen der Spule. Eine Übersetzung von beispielsweise 4,5 : 1 bedeutet also, dass sich der Rotor bei einer Kurbelumdrehung rund 4,5 Mal dreht. Eine hohe Übersetzung ist für Ihre Zwecke nicht entscheidend, weshalb Sie dieser keine große Beachtung schenken müssen.
- Rücklaufsperre: Bei der Rücklaufsperre handelt es sich um eine Mechanik, die den Rückwärtslauf der Kurbel bei einem Anhieb verhindert. Sie wird über einen kleinen Schalter aktiviert oder deaktiviert.
- Schnurfangbügel: Er sichert die Schnur auf der Spule. Vor dem Auswurf klappt man ihn zurück, um Schnur freizugeben. Nach dem Auswurf wird er zurückgeklappt und die Spule wieder gesperrt.
- Schnurlaufröllchen: Es vermindert das Verdrehen der Angelschnur und führt die Schnur um die Spule herum. Es sollte sehr leichtläufig sein, daher ist es meist mit einem Nadellager ausgestattet.
- Spule: Mittels der Spule wird die Angelschnur aufgenommen. Es gibt sie in mehreren Materialien und Ausführungen. Sie sollte bis unmittelbar unter ihren Rand mit Schnur befüllt sein. Je größer der Abstand zur Kante oder Lippe der Spule ist, desto mehr Reibung wird erzeugt und desto weniger weit wird man mit solch einer befüllten Rolle auswerfen können. Am besten lassen Sie das im Fachhandel erledigen. Wenn Sie dort Ihre Schnur kaufen, gehört das Befüllen oft zum Service.

Stationärrollen werden meist in Größen wie 3000, 4000 oder 5000 angegeben. Zum Meeresangeln in der Nord- und Ostsee reicht die 4000-er Größe aus. Sie bildet mit der oben erwähnten Rute eine gute Kombination. Ihre Fassung beträgt ungefähr 200 Meter einer monofilen Schnur mit 0,3 Millimetern Durchmesser. Wem das - gefühlt - zu wenig ist, montiert lieber einer Nummer größer, muss dann aber auch mit dem schwereren Gewicht leben. Beim Kauf der Rolle sollte man übrigens ruhig ein paar Euro mehr ausgeben; die Qualität und Haltbarkeit ziehen bei höheren Preisen spürbar an. Als Richtwert können 100 Euro gelten, dann hat man meist ein gutes Produkt erworben. Angebote gibt es mitunter ab 50 bis 60 Euro. Gängige Hersteller sind *Shimano, Daiwa, Penn, Abu Garcia* und *Balzer*.
Nach jedem Angeltag im Salzwasser können Sie die Rolle ruhig mit Süßwasser abspülen und ab und an auch etwas ölen beziehungsweise fetten.

Im Gegensatz zur Stationärrolle, bei der die Spule fest montiert ist, dreht sich bei der Multirolle - eine Abkürzung von Multiplikatorrolle - die Spule selbst. Dadurch ist die Getriebe- und Bremswirkung direkter, und das Verdrallen der Schnur wird vermindert, gleichzeitig wird aber das Auswerfen schwieriger. Bei der Multirolle muss die Spule in eine

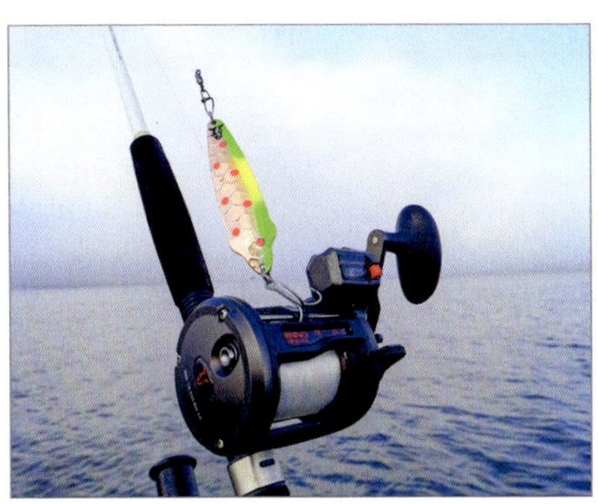

Multirollen sind beim Schleppangeln erste Wahl.

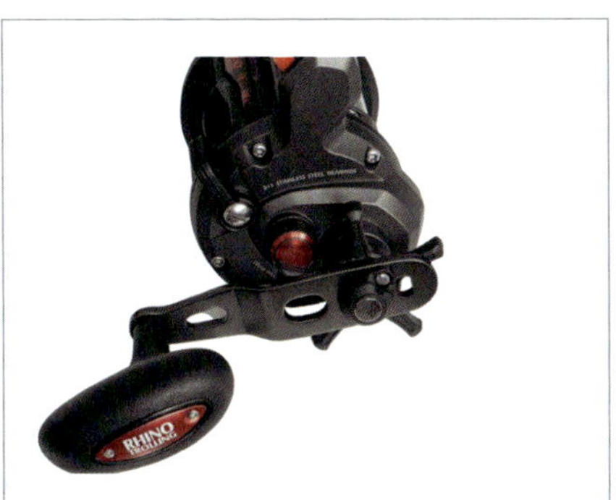

Multirolle mit Sternbremse.

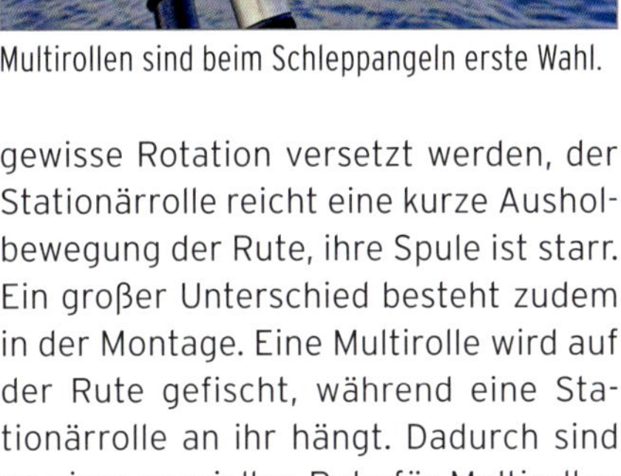

gewisse Rotation versetzt werden, der Stationärrolle reicht eine kurze Ausholbewegung der Rute, ihre Spule ist starr. Ein großer Unterschied besteht zudem in der Montage. Eine Multirolle wird auf der Rute gefischt, während eine Stationärrolle an ihr hängt. Dadurch sind an einer speziellen Rute für Multirollen auch meist mehr Ringe montiert, damit die Schnur besser verteilt wird.

Apropos Schnurverteilung: Die Schnur wird bei der Stationärrolle gleichmäßig auf der Spule verlegt, indem sich diese beim Kurbeln stetig auf und ab bewegt. Bei der Multirolle kann dies auf zweierlei Art geschehen: Kaufen Sie ein Modell mit Schnurführung - und das sollten Sie -, bewegt sich diese Schnurführung beim Einholen des Köders parallel zur Spule und wickelt die Schnur somit gleichmäßig auf die Spule. Bei Modellen ohne Schnurführung erledigt diese Aufgabe der Daumen des Anglers. Das hört sich komplizierter an, als es wirklich ist, aber ein wenig Übung gehört dazu. Deshalb sind Einsteiger tatsächlich mit Multirollen samt integrierter Schnurführung besser bedient, um sich voll auf das Angeln und bestenfalls den Drill konzentrieren zu können.

Während die Bremswirkung bei der Stationärrolle durch eine Front- oder Heckbremse gesteuert wird, ist es bei der Multirolle eine Stern- oder Schiebebremse. Sie sitzt auf der Kurbelseite und hindert, wie von der Stationärrolle gewohnt, den Fisch im Drill beim Abziehen der Schnur. Stellt man die Bremse ganz locker ein, rauscht der Fisch in hohem Tempo mit dem Köder durch Wasser. Stellt man die Bremse zu hart ein, kann die Schnur reißen - und Sie sind den Fisch los, der zudem wahrscheinlich verenden wird. Es gilt, hier den Mittelweg zu finden, der jedoch nur bei wirklich großen Fischen zum Tragen kommt. Die meisten Flossenträger, die

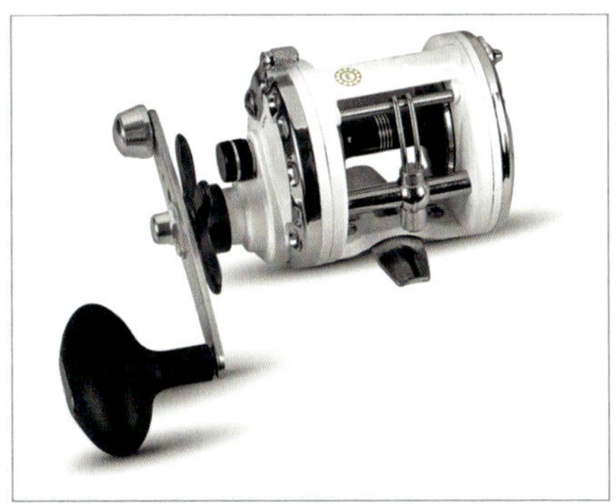

Multirolle mit Schiebebremse.

wir in der Nord- und Ostsee erwischen, werden keinen Meter Schnur von der Rolle abziehen. Ob Sie sich ein Modell mit Stern- oder Schiebebremse kaufen, ist eine Geschmacksfrage. Eine Sternbremse scheint mitunter etwas feiner justierbar zu sein.

Wichtig beim Einkauf ist hingegen, ob Sie sich eine Links- oder Rechtshand-Multirolle zulegen. Anders als bei der Stationärrolle kann der Griff bei der Multirolle nicht so einfach umgebaut werden. Viele Hersteller bieten ihre Rollen in beiden Varianten an; bei Linkshandrollen kennzeichnet in den meisten Fällen ein »LH« das Linkshandmodell. Bekannte Hersteller von Multirollen sind *Abu Garcia, Penn, Shimano, Daiwa, Okuma* und *Zebco*. Auch hier sollte die Schnurfassung bei rund 200 Metern 0,3-er Monofiler (Erklärung folgt) liegen, und auch hier ist ein Investment von rund 100 Euro oder etwas mehr angeraten. (Fotos Multirolle)

Bleibt selbstverständlich die Frage: Was kaufe ich denn nun? Stationär- oder Multirolle? Als Einsteiger sollten Sie zunächst eine Stationärrolle wählen, weil man mit ihr einfacher auswerfen kann. Zum Plattfischangeln auf der Luvseite hingegen, wenn man nur Schnur ablassen und ab und an welche nachgeben muss, ist eine Multirolle ein komfortables Stück Equipment.

2.3 Schnüre

An der Wahl der Schnur scheiden sich die Geister – manche Angler bevorzugen monofile, manche geflochtene Schnur. Beim Fachhändler ist die Wand voll mit unterschiedlichen Farben, Längen und Arten. Da die Schnur die (sehr dünne) Verbindung zum Köder und letztlich zum Fisch ist, sollte sie sorgsam ausgewählt werden. Betrachten wir deshalb einmal grundlegend die beiden verschiedenen Schnurtypen.

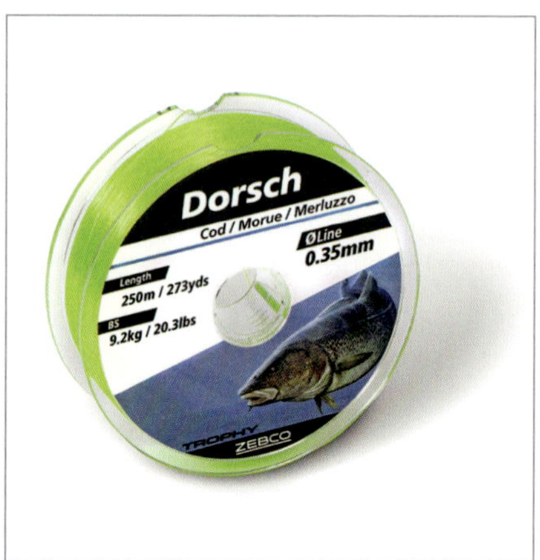

Gut sichtbare monofile Schnur.

Monofile Schnüre, die es schon seit Jahrzehnten gibt und die jedermann wahrscheinlich als typische Angelschnüre bezeichnen würde, werden aus Nylon hergestellt und auf den gewünschten Durchmesser gestreckt. Bei einer geflochtenen Schnur handelt es sich dagegen um ein Geflecht aus vielen miteinander verflochtenen Einzelfasern. Als diese Produkte vor rund 25 Jahren auf den Markt kamen, war dies eine Revolution im Equipment-Sektor. Denn geflochtene Schnüre, aus Dyneema etwa, dehnen sich im Gegensatz zur monofilen Schnur überhaupt nicht. Dadurch entsteht ein wesentlich direkterer Kontakt zum Geschehen unter Wasser. Erfahrene Angler merken mit geflochtener Schnur jeden Stein am Grund und spüren auch den zaghaftesten Zupfer eines Fisches. Durch die fehlende Dehnung werden sie eins zu eins übertragen, die Dehnung der monofilen Schnur »verschluckt« Bisse dagegen etwas. Die Geflochtene hat zudem den Vorteil, dass der Anhieb - also unser Versuch, den Fisch zu haken - sehr viel direkter übertragen wird. Im anschließenden Drill, das soll nicht unerwähnt bleiben, kann die mangelnde Dehnung dazu führen, dass sich Fische vom Haken befreien.

Geflochtene besitzt bei gleicher Tragkraft einen deutlich dünneren Durchmesser. Dadurch bietet sie bei Strömung weniger Angriffsfläche und lässt sich in größeren Tiefen fischen, ohne das ein großer Schnurbogen entsteht. Deswegen können leichtere Köder benutzt werden, die sich im Wasser besser bewegen und somit den einen oder anderen Fisch mehr bringen. Monofile indes ist wesentlich abriebfester und verzeiht eher mal den Kontakt mit Muscheln und Steinen. Außerdem ist monofile Schnur deutlich günstiger. Verwicklungen lassen sich schneller entwirren als bei geflochtener und sie ist weitaus weniger frostanfällig.

Man kann indes auch beide Welten miteinander verbinden, indem man vor die geflochtene Schnur ein Stück Monofiler knotet, das vor Abrieb am Grund etwas besser schützt und im Drill als Puffer wirkt.

Als Richtwerte gelten bei den Schnurstärken: 0,15 bis 0,17 Millimeter bei der geflochtenen Schnur und 0,3 Millimeter bei der monofilen Schnur. Spulen Sie oder lassen Sie 200 Meter aufspulen. Hat die Rolle ein größeres Fassungsvermögen, kann unter der Geflochtenen auch Monofile als Unterfütterung dienen. Ein guter Fachhändler wird dies für Sie erledigen.

2.4 Vorfächer

Ein Vorfach bezeichnet in der mitunter etwas kryptischen Anglersprache ein mit Ködern oder Haken garniertes Stück Schnur, mit dem der Fisch zum Anbiss »motiviert« werden soll. Vorfächer gibt es für nahezu jede Fischart. Wir schauen uns hier vier verschiedene an, auf die es in Nord- und Ostsee ankommt.

Pilkvorfach: Wenn die Dorsche kleine Fische jagen, fängt oft ein solo gefischter Pilker am besten. Wenn bei den Dorschen Würmer oder Garnelen auf dem Speiseplan stehen, schlägt die Stunde der Vorfächer mit Beifänger. Das ist im Wesentlichen ein Stück monofile Schnur, rund einen Meter lang, in deren Mitte an einem kurzen Seitenarm ein kleiner Twister baumelt. Ganz unten am Vorfach wird der Pilker eingehängt. Dieser Twister ist ein Stück Gummi, das die Garnele oder den Wurm imitieren soll. Er wird an einen Einzelhaken mit Bleikopf geschoben, der ebenfalls lackiert ist. Eine bewährte Kombination

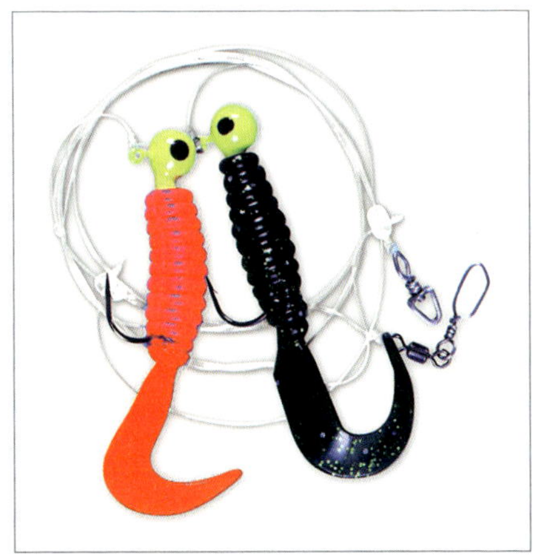

Fertiges Pilkvorfach mit zwei Twistern.

ist ein roter Twister mit einem gelben Kopf; an manchen Tagen kann auch ein schwarzer Twister viele Bisse bringen. Im Fachhandel gibt es fertig montierte Vorfächer, die mit einem oder zwei Beifängern perfekt geknotet sind. Davon sollten Sie sich eine Handvoll zulegen.

Plattfischvorfach: Das Vorfach für Scholle, Flunder und Kliesche ist etwas anders aufgebaut als für Dorsche oder Heringe. Ein Plattfischvorfach besitzt oft auch einen Ausleger, dann folgt aber vor dem zweiten Haken meist das Blei, das an einer Metall- oder Plastikröhre befestigt ist. Diese Röhre gleitet auf der Schnur, sodass der Butt das Blei nicht sofort als Widerstand beim Anbiss spürt. Insgesamt misst die Montage oft zwei Meter und wird kontrolliert, das heißt nicht zu schnell, abgelassen. Die Haken sind mit Perlen und Spinnerblättern »garniert«, die für zusätzliche Reize sorgen sollen.

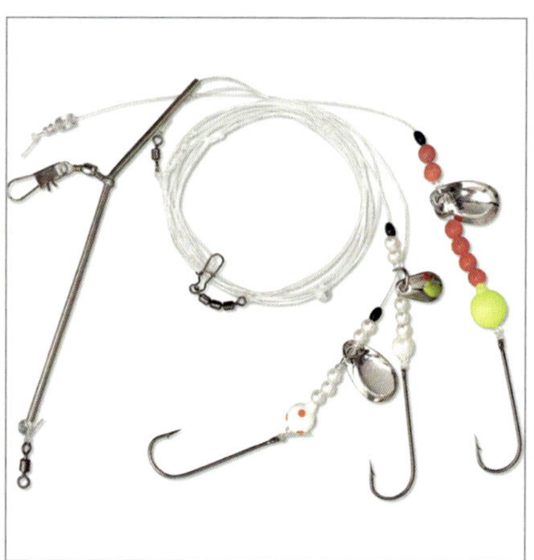

Mit Lockmitteln bestücktes Plattfischvorfach.

Eine Alternative dazu ist noch das Buttlöffel-Vorfach. Am Ende der Vorfachschnur ist hier ein sogenannter Buttlöffel montiert. Dieser besteht aus Metall und ähnelt einem Blinker. Der Buttlöffel imitiert einen Plattfisch, der sich in der Nähe der Naturköder am Vorfach aufhält. Dadurch entsteht Futterneid unter den neugierigen Plattfischen, und sie versuchen, meist schnell den Köder zu attackieren, bevor der Konkurrent einem die Nahrung wegschnappen könnte. Nach dem Auswerfen oder dem bloßen Abblassen flattert der Buttlöffel zum Gewässergrund. Anschließend lässt er sich mit kurzem Anheben, Ziehen oder mit kleinen Rucken führen. Dadurch bewegt sich der Buttlöffel und es macht den Anschein, als würde das Plattfischimitat hinter den Ködern her sein und sie sich einverleiben wollen. Das ruft nun die realen Platten auf den Plan.

Buttlöffel- wie auch das herkömmliche Plattfisch-Vorfach gibt es im Handel fertig gebunden. Achten Sie hierbei darauf, dass Sie in puncto Perlenfarbe und -größe verschiedene Varianten kaufen.

Heringsvorfach: Heringe fängt man am besten mit einem speziellen Herings-

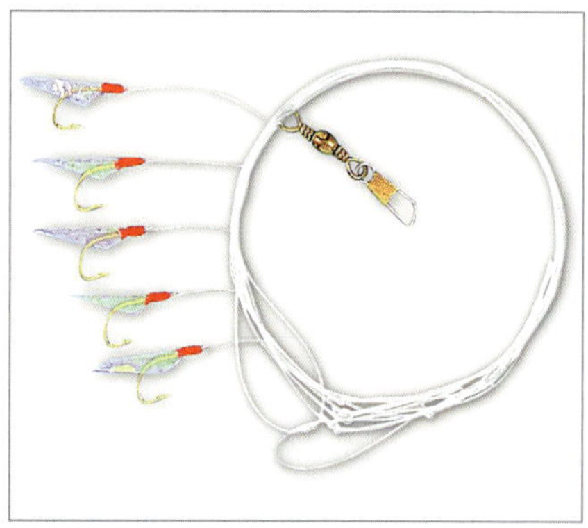

Sehr fängige Variante eines Heringsvorfachs.

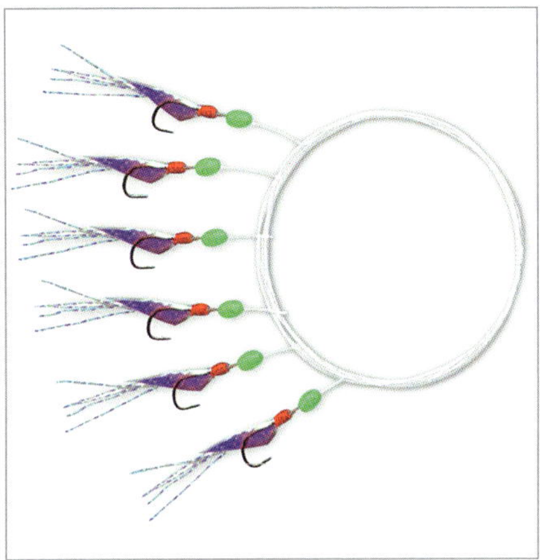

Auffälliges Heringsvorfach für trübes Wasser.

paternoster, an dem meist fünf Haken an kurzen Seitenarmen befestigt sind. Dieses gibt es fertig montiert im Fachhandel mit verschiedenem Dekor, in unterschiedlichen Längen und Hakengrößen. Am gängigsten und oft auch am erfolgversprechendsten sind goldene und mit Fischhaut beklebte Haken. Alternativen dazu besitzen noch Perlen über dem Haken oder ein paar Glitzerfäden. Zwei verschiedene Looks sollten an Bord sein, aber beim Heringsangeln ist es meist entscheidender, einfach den Schwarm zu finden.

Makrelenvorfach: Wie Heringe sind Makrelen vom Boot aus am besten

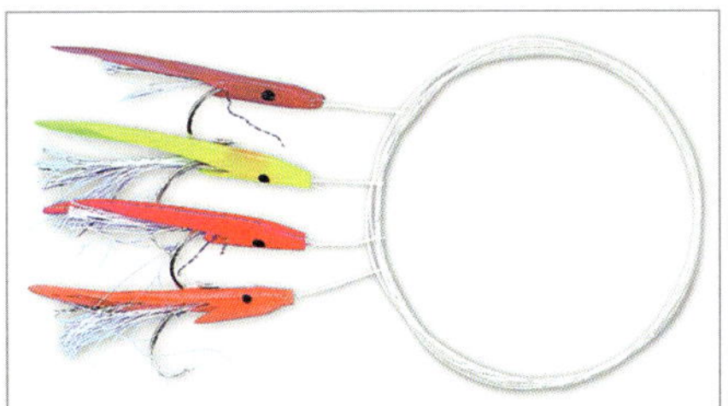

Makrelenvorfach mit unterschiedlicher Bestückung.

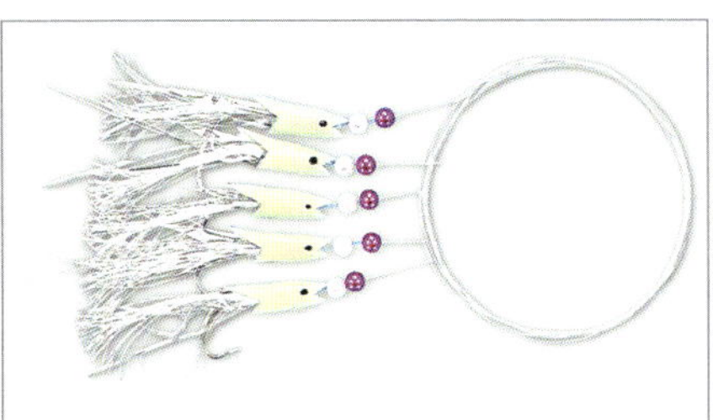

Typisches Makrelenvorfach.

mit einem Paternoster - einer überdimensionierten Variante des Heringsvorfach - zu befischen mit Haken der Größe 2/0 einer Schnur mit 0,5 bis 0,7 Millimetern Durchmesser. Der Haken wird beim Makrelenpaternoster etwas aufwendiger geschmückt; es gibt Mini-Shrimps, Federn, Blechlöffel, Glitzerfäden und viele Variationen davon.

2.5 Kleinteile

Wie so oft kommt es auch beim Angeln auf einige Details an. In den Gerätekasten gehören so einige Teile, ohne die

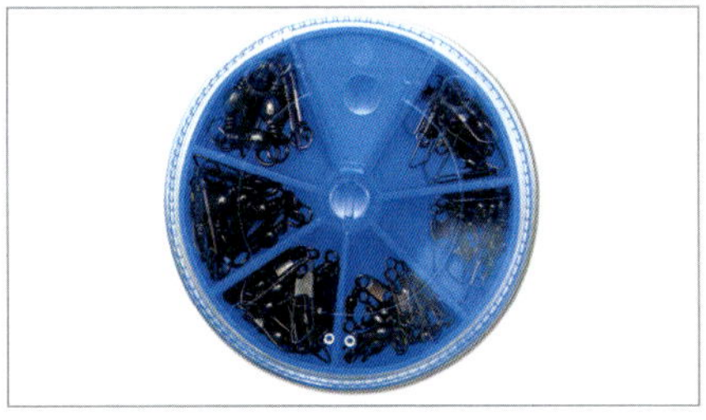

Wirbel verbinden Hauptschnur und Vorfach.

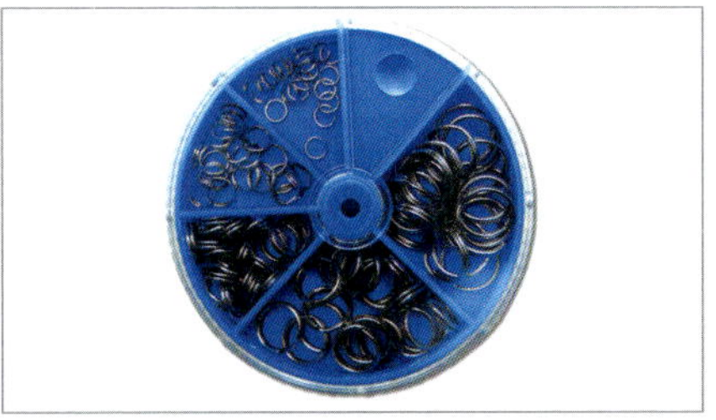

Sprengringe verbinden Kunstköder und Drillingshaken.

niemals ein Köder zu Scholle, Dorsch & Co gelangen könnte. Wenn wir einmal ganz klein anfangen, benötigen wir vor allem 10 bis 20 Karabiner-Wirbel in guter Qualität und mit einer Tragkraft, die zu unserer Schnur passt. Schließlich ist die Kette immer so stark wie ihr schwächstes Glied. Wählen Sie hier also Ausführungen, die mindestens 10 Kilogramm Tragkraft garantieren. Der Karabinerwirbel wird mit einem Clinchknoten (siehe Kapitel »Knoten«) an der Hauptschnur befestigt und ist die Verbindung zwischen ihr und dem Vorfach oder dem Pilker, Blinker oder Gummifisch. Nicht nur für Anfänger sind die sogenannten No-Knot-Verbinder ein sinnvolles Tool. Dies sind kleine Drahtgebilde, in der Köder oder Wirbel gehängt werden und die mit der bloßen Umwicklung der Schnur extrem gut halten.

Zu den nötigen Kleinteilen zählen auch einige Ersatzhaken wie Drillinge für die Pilker oder Butthaken in verschiedenen Größen. Beißen die Platten einmal ausgesprochen »spitz«, kann der Wechsel auf eine kleinere Hakengröße Wunder wirken. In den Fächern des Kastens liegen zudem ein paar Sprengringe, mit denen die Drillingshaken am Pilker oder Blinker befestigt werden.

Um die Plattfisch-Montagen auf Tiefe zu bringen, benötigt man selbstverständlich Bleie in verschiedenen Gewichtsklassen. Da sich mitunter ein »Hänger« am Grund nicht verlustfrei lösen lässt, hat man am besten zwei bis drei Ersatzbleie vorrätig. Schließlich ist kaum etwas ärgerlicher als einen erfolgreichen Angeltag aufgrund eines so simplen, aber fehlenden Teils nicht fortsetzen zu können. Birnenbleie in 50, 100 und 150 Gramm sollten für unsere Zwecke und Reviere auf der Ostsee vollkommen ausreichen.

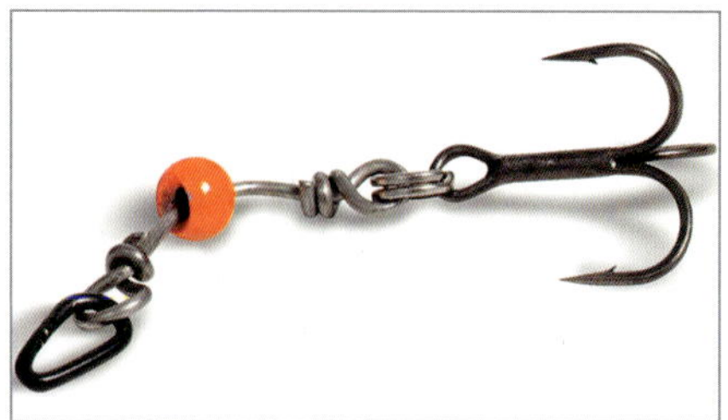
Drillingshaken für Kunstköder.

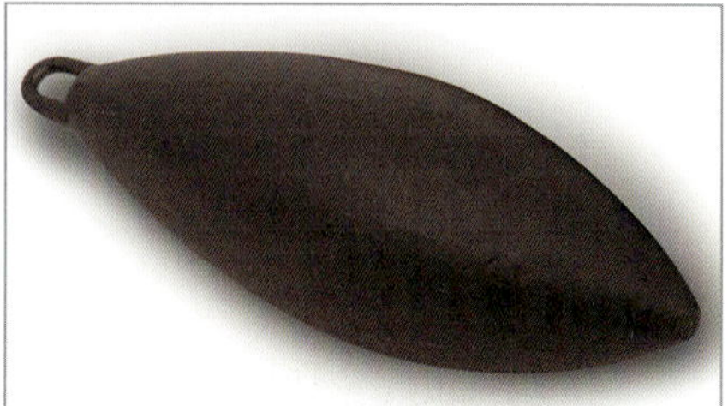
In Nord- und Ostsee reichen Bleie bis 200 g.

2.6 Kästen und Kisten

Es gibt im Handel eine Vielzahl von unterschiedlichen Koffern, Taschen und Rücksäcken, in denen der Angler seine Utensilien verstauen kann. Wer anfangs nicht gleich einen teuren Angelkoffer kaufen möchte, wird auch im Baumarkt fündig. Dort gibt es Plastikkoffer in fast jeder Größe. Meist unterscheiden sie sich kaum von den normalen Angelkoffern, die es im Angelladen gibt, und sie sind deutlich günstiger. Kaufen Sie allerdings lieber eine Nummer größer. Denn es wird, falls das Angeln zu Ihrem neuen Hobby wird, stetig Zubehör hinzukommen. Zudem ergibt es Sinn, sein Zubehör geordnet an einem Platz zu wissen und schnell darauf zugreifen zu können, wenn es erforderlich ist und sich an Bord etwas Hektik ausbreitet,

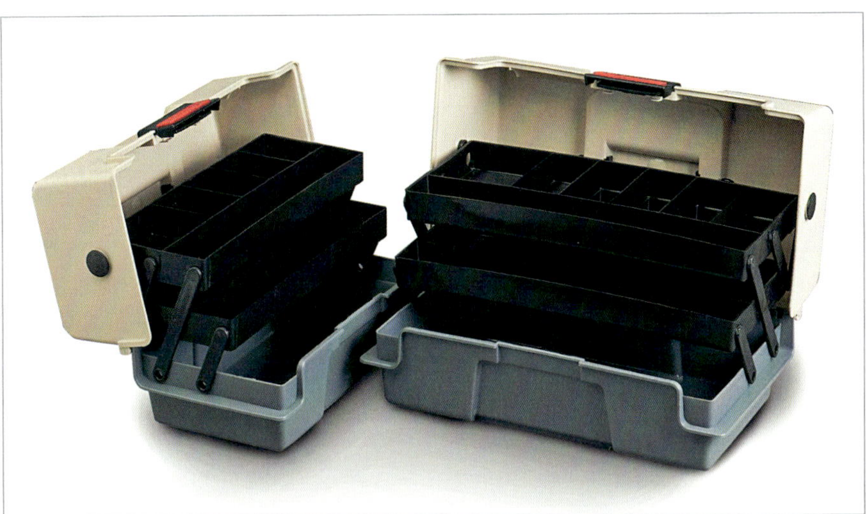

Ein gut unterteilter Gerätekasten gehört auf jedes Boot.

weil der Schwarm Heringe oder Makrelen gerade gefunden ist.

Vorfächer zum Pilken, Plattfisch-, Herings- oder Makrelenangeln lassen sich sehr übersichtlich in speziellen Vorfachtaschen unterbringen. Und wer auch seine Kunstköder gern übersichtlich aufbewahren möchte, schaut sich vielleicht einen Gerätekasten an, in den die Pilker und Gummifische gehängt werden können. So sind sie schnell einsatzbereit und können sich nicht mit den anderen Haken verkeilen.

In jedem Fall gehört mindestens eine große Plastikbox aufs Boot, in der der Fang verstaut wird und außerdem eine Kühlbox für den Transport der Fische nach Hause, falls sie nicht gleich an Bord verspeist werden.

2.7 Kleidung

Wer Angler am See oder Fluss sitzen sieht, kann sie mitunter gar nicht richtig erkennen. Ihre Kleidung in Grün und Camouflage scheint mit der Umwelt zu verschmelzen. Bei geringen Tiefen, klarem Wasser oder sehr misstrauischen und empfindlichen Fischen ergibt das durchaus Sinn. Jede vermeidbare Störung der Umgebung bringt mehr Bisse. Beim Meeresangeln vom Boot aus müssen wir darauf keine Rücksicht nehmen, sondern können auch knallige Farben tragen, was im Seenotfall auch noch äußerst sinnvoll ist. Im Frühjahr, Herbst und Winter hat sich eine Kombination aus Latzhose und dazu passender Jacke bewährt. Ein Overall ist zwar tendenziell etwas wärmer, aber nicht so flexibel einsetzbar. Beim einem Zweiteiler zieht man bei wärmeren Temperaturen einfach die Jacke aus, hat durch die Latzhose aber trotzdem noch seine schützende »Arbeitskleidung« an. Man kann aber auch genauso gut einige alte Kleidungsstücke miteinander kombinieren, die den einen oder anderen Fleck abbekommen dürfen. Dass jeder Angler an Bord eine Rettungs- oder Schwimmweste trägt, insbesondere die minderjährigen Petrijünger, sollte eine Selbstverständlichkeit sein.

Die Füße stecken bei den meisten Bootsanglern in Gummistiefeln, zumindest im Frühjahr, Herbst und Winter. Sinken die Temperaturen zu weit ab, und Sie möchten trotzdem hinausfahren, können wasserdichte Bergschuhe eine gute und wärmere Alternative sein; Handschuhe sind am besten aus Fleecematerial hergestellt. Bei speziellen Anglerfäustlingen lässt sich das Oberteil der Handschuhe nach hinten wegklappen und per Klett fixieren, sodass man kurzzeitig maximales Gefühl beim Angeln bekommt – etwa beim Auswerfen – und die Hände danach wieder wärmen kann. Ähnliche Modelle gibt es auch als Fingerhandschuhe, diese besitzen Schlitze in den Kuppen.

2.8 Ladung und Versorgung

Was tut man, wenn der Fisch so langsam an die Wasseroberfläche kommt? Früher kam dafür auf den Angelkuttern immer ein Gaff zum Einsatz – ein stabiler, spitzer Edelstahlhaken, der an einem Besenstiel befestigt war. Auch Norwegen-Angler nutzen bisweilen noch ein Gaff für besonders große Fische.

In Nord- und Ostsee und zumal auf Booten bis vielleicht zehn Meter Länge gehört heutzutage eher ein anständiger Kescher zur Ausrüstung. Damit werden die Fische wesentlich schonender an Bord gehievt, zudem können sie auch wieder zurückgesetzt werden, etwa, weil sie in der Schonzeit gebissen haben. Kleinere Fische bis 1,5 oder 2 Kilogramm, die gut gehakt sind, können aber auch einfach an der Schnur an Deck gehoben werden. Achten Sie beim Kescher auf eine stabile Bauweise, also einen Aluminiumrahmen und ein robustes Nylon-Netz, das nicht zu engmaschig sein sollte. Ob der angelandete Fisch überhaupt Mindestmaß hat, messen Sie per Maßband oder Zoll-

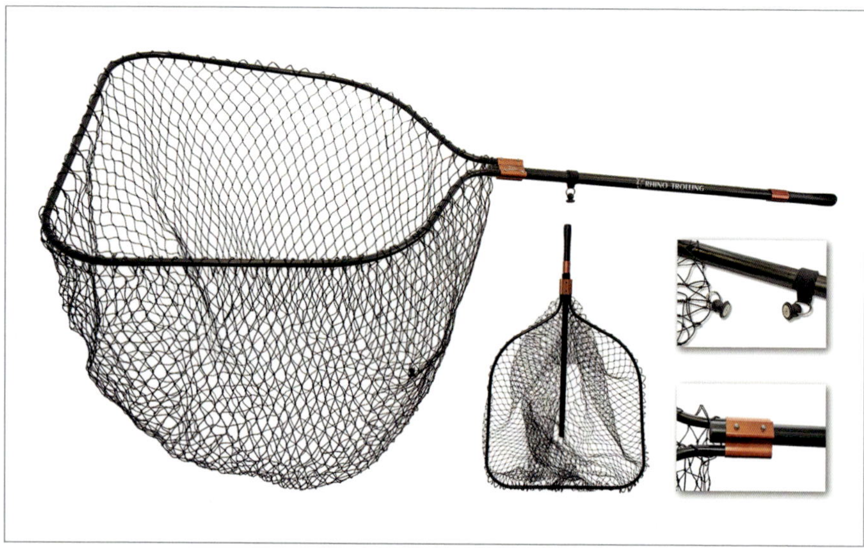

Mit einem großen Kescher lassen sich Fische schonend an Bord bringen.

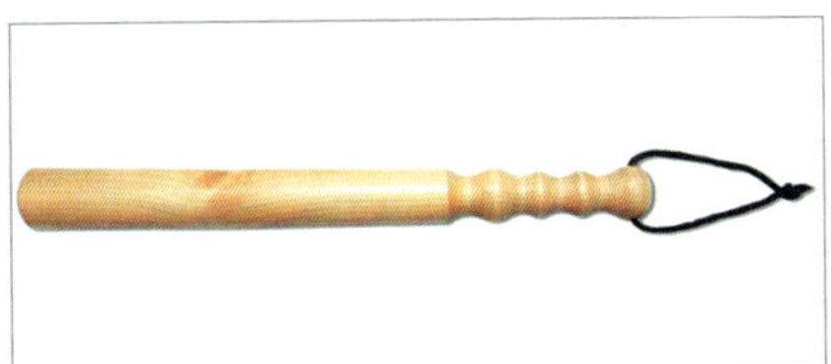
Mit einem schweren Holzstück wird der Fang betäubt.

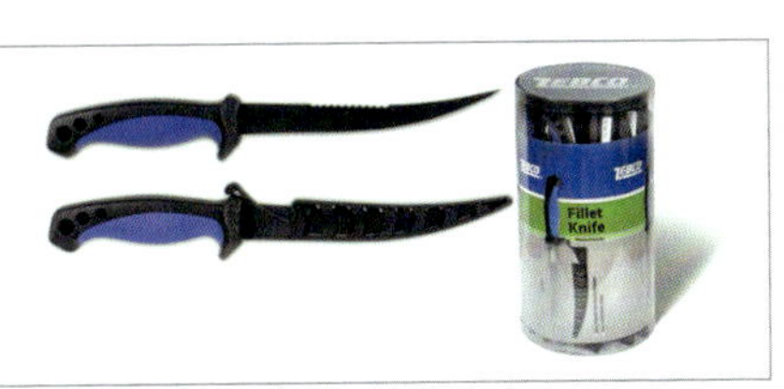

Filetiermesser müssen schlank und scharf sein.

stock. Benutzen Sie immer die gleichen Fischkisten, kann man auch darauf eine Skala einzeichnen.

Um die Fische zu betäuben, reicht ein stabiles, schweres Holzstück in 30 Zentimeter Länge; zum Hakenlösen ist die Spitzzange aus dem Keller/Baumarkt eine gute Wahl. Alternativ tut es ein sogenanntes Multi-Tool, das man bequem am Gürtel befestigen und sowieso für alle möglichen Arbeiten an Bord gebrauchen kann. Geht es an die Versorgung und Verwertung des Fangs, lohnt die Investition in ein spezielles Filetiermesser und hier auch nicht in das günstigste Produkt. Filetiermesser bzw. Filiermesser sind gekennzeichnet durch seine lange und schmale Klinge, die bis zu einem gewissen Grad sogar biegsam ist. Die Klinge muss extrem scharf sein, damit das Filetiermesser hauchdünne und perfekt geschnittene Filets auslösen kann. Fischfilets lassen sich nur mit einem hochwertigen Filetiermesser herstellen. Ratsam ist ein Fingerschutz, also kein nahtloser Übergang vom Griff zur Klinge. Mitunter wird der Griff des Messers durch den Fang etwas glitschig, die Verletzungsgefahr durch ein Abrutschen der Hand auf die Klinge wird durch solch einen Griffschutz sehr zuverlässig vermieden.

Wo man die Fische auf seinem Sportboot ausnimmt, ist eine gute Frage. Eine sehr lohnende Anschaffung ist ein Filetierbrett, das beispielsweise von Railblaza oder anderen Herstellern im Internet angeboten wird. So bleibt das Deck annähernd sauber und man agiert zudem in einer angenehmen Arbeitshöhe. Heringe lassen sich sehr gut mit einem kleinen Drahtsetzkescher entschuppen. Und generell gehören ein paar alte Lappen an Bord und eine grobkörnige Handwerker-Seife, um den »Angel-Geruch« von seinen Fingern zu waschen. Auch ein Schleifstein für das Messer bekommt einen Stammplatz im Gerätekasten. Wer viel fängt, filetiert viel und muss ab und an nachschärfen.

3 Welche Köder benötige ich?

Einer der entscheidenden Faktoren beim Angeln ist, ob ich gerade den richtigen Köder montiert habe. Der Zielfisch bestimmt hauptsächlich die Auswahl; bei Pilkern oder Gummifischen jedoch auch die Emotion und das Auge des Anglers – dem Marketing der Hersteller sei Dank. Grundsätzlich kommt man aber mit sehr wenigen Farben und Gewichten aus.

3.1 Kunstköder

Das Angeln mit Kunstködern ist eine der unkompliziertesten Methoden. Die Köder liegen im Kasten und müssen nicht erst besorgt oder ständig gewechselt oder erneuert werden. Mit Kunstködern erwischt man in Nord- und Ostsee vor allem Dorsche, Köhler, Wittlinge und am Paternoster Heringe und Makrelen. Ab und an bleibt auch einmal ein Steinbutt am Pilker hängen. Je nach Angelmethode und Zielfisch kommen dabei unterschiedliche Kunstköder zum Einsatz, die nachfolgend etwas detaillierter betrachtet werden.

3.2 Pilker

Der Pilker war lange Zeit der Kunstköder Nummer eins auf deutschen Meeren. Und erholt sich der Dorschbestand hierzulande (hoffentlich in sehr wenigen Jahren) wieder, wird er es vielleicht auch wieder werden. Pilker sind im Großen und Ganzen in Fischform gegossenes Blei oder eine Legierung daraus; bleifreie Exemplare sind inzwischen allerdings auch zu bekommen. Insbesondere in Dänemark ist das Angebot groß, da dort bleihaltige Köder nicht verkauft werden dürfen. Pilker bilden die natürliche Beute von Dorsch, Wittling und Köhler ab und sind in zahlreichen Farben und Formen zu bekommen.

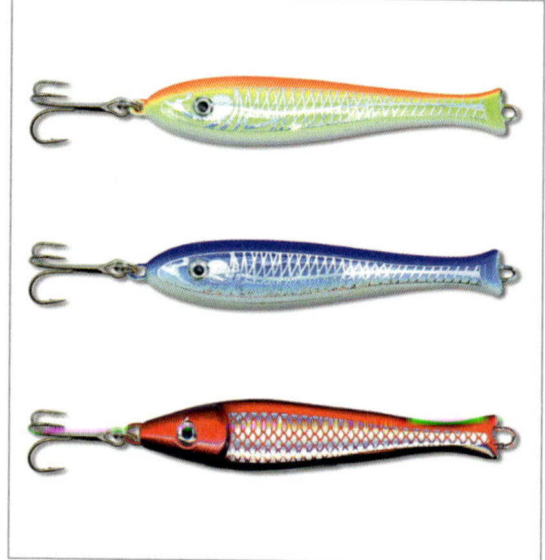

Schnell sinkende Pilker mit Schwerpunkt.

Die Form des Pilkers spielt dabei eine wichtige Rolle, auch wenn es auf den ersten Blick nicht so ersichtlich ist. Soll der Pilker beispielsweise bei starker Drift schnell auf Tiefe kommen, wählt man ein kompaktes Modell mit eindeutigem Schwerpunkt. Er rauscht schnell nach unten und erreicht die Fische hoffentlich noch, bevor das Boot allzu weit abgetrieben ist. Flachere Formen entfalten im Wasser dagegen ein reizvolleres Spiel und verleiten die Fische eher zum Anbiss. Es entscheiden also vor allem die äußeren Gegebenheiten, welchen Pilker man ans Ende der Schnur hängt.

Bei den Pilkerfarben ist das Angebot extrem vielfältig – wie bei eigentlich jeder Art von Kunstködern. Die Hersteller wollen schließlich auch ihr Geschäft machen und reizen mit scheinbar revolutionären Farbkombis das Auge des Anglers und öffnen dessen Portemonnaie. Grundsätzlich reichen jedoch einige wenige Farbtöne. In der Ostsee fängt beispielsweise die Farbe Silber-Orange bei Sonnenschein sehr gut, Rot-Grün bei bedecktem Himmel sowie Blau-Silber oder Grün-Silber zur Heringszeit im Frühjahr. Sollten diese »Rezepte« nicht funktionieren, können Sie etwas experimentieren und mutiger in der Farbwahl werden. Mitunter ist eine sehr dunkle Lackierung in Schwarz oder Braun fängig, wenn viele Krebse unterwegs sind oder etwa reines Orange bei starkem Wurmaufkommen. Mit Pink oder Weiß haben einige Angler auch schon sehr gute Erfahrungen gemacht, in die Grundausrüstung gehören diese Farben jedoch eher nicht. Welche Farbe fängt, hängt unter anderem von der Angeltiefe, vom Lichteinfall, von der Trübung des Wassers und davon ab, was bei Dorsch, Wittling und Köhler gerade so auf dem Speiseplan steht. Von den gängigen drei Farben - Silber-Orange, Rot-Grün und Blau-Silber - gehören drei unterschiedliche Gewichte in den Gerätekasten: 50, 75 und 100 Gramm, und das am besten in dreifacher Ausfertigung. Schließlich bleibt so ein Pilker ja mitunter auch am Grund hängen, weil Sie ihn nicht freifahren oder vorsichtig lösen können.

Wichtige Merkmale für gute Pilker sind ihre Farbbeständigkeit, die Qualität ihrer Sprengringe und Drillingshaken sowie eine stabile untere Öse. Letztere kommt sehr häufig mit dem Grund und damit auch mit Steinen in Berührung und sollte sich nicht verbiegen oder gar brechen. Ein Tipp: Sind Sie skeptisch in puncto Drilling, weil Ihnen etwa die Hakenspitzen nicht scharf genug vorkommen, tauschen Sie den Haken umgehend gegen Markenware aus dem Fachhandel aus - Modelle von Owner oder VMC gelten seit vielen Jahren zurecht als Maßstab. Mitunter kann es nicht schaden, auch in den oberen Sprengring einen Drilling zu hängen, wenn man viele Fehlbisse bekommt. Und eine kleine Plastikflosse im unteren Ring dient an schwierigen Tagen als zusätzlicher Anreiz für Dorsch & Co.

3.3 Gummifisch

Ob nun der Pilker oder der Gummifisch auf der Ostsee mehr genutzt wird, ist wahrscheinlich schwer zu ermitteln. Fakt ist jedoch, dass die Gummis vor 15 bis 20 Jahren immer stärker aufgekommen und nicht minder fängig sind als der altbekannte Pilker. Auch das Süßwasserangeln auf Zander, Barsch und Hecht haben die wabbeligen Köder revolutioniert. Gummifische erzeugen beim Einkurbeln starke Druckwellen und reizen die Raubfische so zum Anbiss. Insbesondere bei trüben Gewässern funktioniert das erstaunlich gut. Gummifische kaufen Sie im Fachhandel

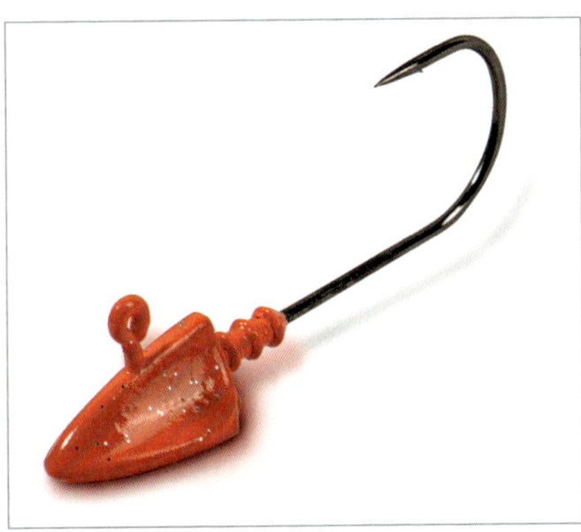

Bleikopf zum Gummifisch-Angeln.

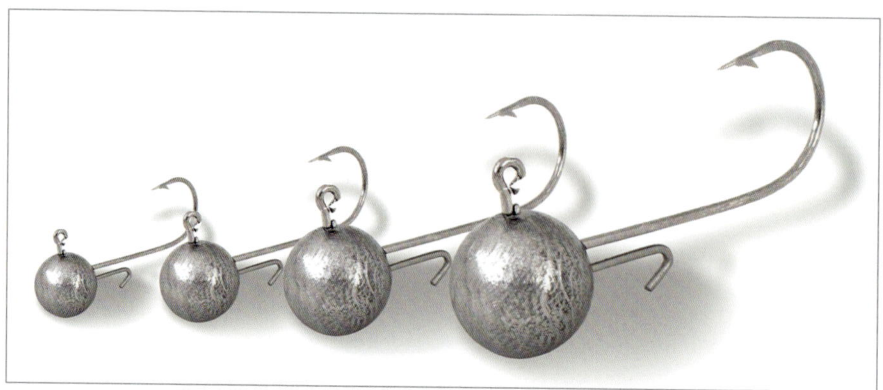

Bleiköpfe mit unterschiedlichen Gewichten für verschiedene Tiefen und Wetterverhältnisse.

ohne Haken und können somit selbst entscheiden, welches Gewicht Sie nutzen möchten. Der Gummifisch wird für das Angeln in Nord- und Ostsee so auf einen Jigkopf – einen Bleikopf mit eingegossenem Haken – geschoben, dass er möglichst gerade auf dem Hakenschenkel sitzt. Je nach Drift oder Wassertiefe müssen Sie den Jigkopf anpassen – nicht zu schwer, damit sich der Gummifisch im Wasser möglichst verführerisch bewegt, nicht zu leicht, damit er auch auf dem Grund ankommt und dort etwas verbleibt.

In den meisten Fällen reichen 50-Gramm-Köpfe aus. Bei sehr ruhigem Wetter können es auch einmal nur 30 Gramm sein, bei starker Drift oder größerer Tiefe müssen vielleicht 75 Gramm ran.

Geeignete Köpfe mit hohem Gewicht bei relativ kleinem Haken gibt es mittlerweile von vielen Herstellern. Die Gummifischgröße variiert dabei zwischen 8 und 16 Zentimetern, wobei sich als Standardgröße für Dorsch und Köhler Modelle um die 12 Zentimeter etabliert haben. Darauf sollte man sich aber nicht verlassen. Experimentieren Sie ruhig etwas, wenn Sie das Gefühl haben, dass die Fische eher auf kleinere Happen stehen oder montieren einen richtig großen Gummifisch, wenn auf die kleinen Gummis nur Halbwüchsige beißen. Die Ködergröße richtet sich dabei auch nach dem Beuteschema der Fische: Im Frühjahr und Sommer, wenn sie aktiver sind, kommen daher eher sehr bewegliche Gummifische zum Einsatz. Ist das Wasser kälter, muss allzu viel Bewegung nicht sein, jetzt hängen eher bewegungsfaule Exemplare am Karabinerwirbel.

Gummifische sollen ja wie Blinker oder Wobbler kleine Beutefische imitieren. Bei klarem Wasser sollten daher dezente und natürliche Gummifischfarben gewählt werden. Im trüben Wasser sind dagegen knallige Farben und Muster gefragt. Beim Angeln auf Dorsch haben sich Rot und Braun bewährt, insbesondere auch ein Farbton, der »Motoroil« genannt wird.

3.4 Twister

Der Twister ist der Beifänger schlechthin für die Ostseeangelei. Der kleine Gummiwurm trat seinen »Siegeszug«

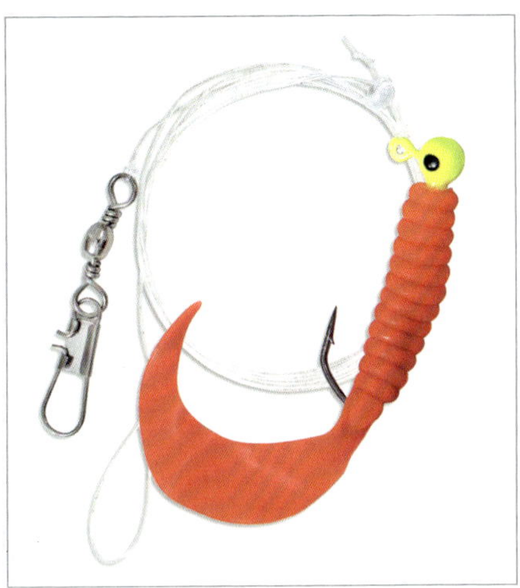

Vorfach mit sehr fängigem rot-gelben Twister.

auf den Angelkuttern und -booten bereits vor Jahrzehnten an. Er wird meist an einem Seitenarm des Pilkvorfachs gefischt und sitzt, je nach Gusto, zwischen 30 und 50 Zentimeter oberhalb des Pilkers. So wird den Raubfischen wie Dorsch und Köhler sehr wahrscheinlich suggeriert, dass ihnen ein Artgenosse diesen kleinen Wurm gleich wegnehmen möchte – da beißt man dann lieber selbst zu.

Eine klassische Twisterfarbe ist das sogenannte Japanrot, ein recht knalliger Farbton, der auf einen Haken samt Bleikopf gezogen wird, der gern in einem knalligen Gelb bemalt ist. Statt eines Bleikopfs nutzen manche Angler auch nur einen Haken der Größe 2/0 oder 3/0 und ziehen auf den Seitenarm eine gelbe Auftriebsperle. An manchen Tagen, wenn die Fische etwas mürrisch sind, mag das ein kleiner Vorteil sein. Als Einsteiger setzen Sie aber am besten auf die fertig gebundenen Twister-Vorfächer aus dem Fachhandel. Schwarz funktioniert mitunter ebenfalls recht gut und auch die zweifarbigen Versionen – Schwarz-Rot und Grün-Rot – sind fängig. Sollte der Grund sehr uneben sein und bleiben Sie mit Ihrem Pilker oftmals hängen, kann es eine sinnvolle Taktik sein, den Drilling des Pilkers abzunehmen und ein Vorfach mit zwei Twistern zu benutzen. Hier können Sie dann auch unterschiedliche Farben aufziehen und merken schnell, welche besser fängt. In jedem Fall gehören einige Twister in den Gerätekasten.

3.5 Blinker

Die Idee, Fische mit künstlichen Kunstködern zu beangeln, ist schon sehr alt. Bereits Jahrtausende vor Christi Geburt betrieben Menschen diese Art der Fischerei. Damals wurden die ersten Blinker aus Muschelschalen und Tierknochen montiert, später aus Löffelschalen. Dazu wurde die Laffe vom Löffelschaft getrennt, auf Hochglanz poliert und mit Haken versehen. Im Wasser rotierte die Laffe dann durchs Wasser hin und her und reflektierte so das Sonnenlicht, das ins Wasser strahlte. Das wurde damals als ein Blinken wahrgenommen und so kam der Köder sehr wahrscheinlich zu seinem Namen, den er bis heute trägt.

Der Blinker ist mittlerweile ein künstlicher Köder aus leichtem Metall, der

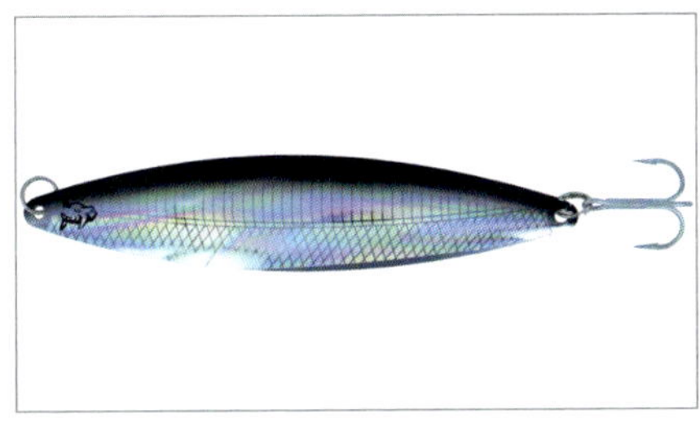

Blinker im Heringsdekor zum Schleppangeln.

zum Raubfischangeln verwendet wird. Beim Zug durch das Wasser machen Blinker heute wie damals eine torkelnde Bewegung und imitieren damit einen kranken Fisch, der eine vermeintlich leichte Beute darstellt. Im Süßwasser benutzen ihn Angler, um Hecht, Zander oder Barsch zu fangen; in Nord- und Ostsee wird er für Dorsche, Köhler, Makrelen, Meerforellen und Lachse genutzt – vom Boot aus vornehmlich beim Schleppfischen.

Auf dem Markt existiert – wie auch bei Pilkern und Wobblern – eine gigantische Auswahl an Modellen und stetig scheinen neue hinzuzukommen. Dennoch kann die Industrie das natürliche Futterangebot, das von den Blinkern ja imitiert werden soll, natürlich nicht verändern. Und so dominieren seit vielen Jahren die Hauptfarben Silber, Gold und Kupfer – ergänzt mit Grün, Blau oder Rot – da sie das Licht besonders gut reflektieren und auch in etwas tieferen Wasserschichten noch gut gesehen werden können. Mit einem Blinker im Schlepp haben Sie besonders gute Chancen, eine schmackhafte Meerforelle zu erwischen, wenn der Kurs nicht allzu weit vom Ufer entfernt verläuft. Zu den verschiedenen Jahreszeiten sind dabei unterschiedliche Farben angesagt. Im Frühjahr, zwischen März und Mai, werden die Forellen ziemlich hungrig, weil sich das Wasser aufwärmt. Auch Heringe und Sandaale sind nun aktiv, die auf der Speisekarte der blitzblanken Jäger stehen. Die Blinker dürfen jetzt ruhig etwas größer ausfallen und sollten den Futterfischen in der Farbe nachempfunden werden. Grün-Silber, Blau-Silber und Blau-Weiß sind Lackierungen, die mit etwas Glück die eine oder andere Forelle zum Anbiss locken. Zeitgleich, aber fast nur im April, kann man auch einmal einen braunen Blinker montieren. Jetzt schwärmen nämlich erfahrungsgemäß die Ringelwürmer aus, sodass ein brauner Köder eventuell eher beachtet wird.

Im Sommer und Herbst, also von Juni bis November, lässt der Appetit der Meerforellen dann etwas nach und die Köder können etwas kleiner werden. Blinker für das Schleppen vom Boot wiegen zwischen 20 und 30 Gramm. Auch, wenn wir eher auf die passenden Farben für Meerforellen eingegangen sind, funktionieren sie ebenso für die anderen Fischarten. Als »Joker« sollte immer ein Blinker in knalligem Rot-Gelb in die Köderkiste; diese Kombination wirkt oft Wunder, wenn mit den übrigen Farben Beißflaute herrscht.

3.6 Wobbler

Für die ungewöhnliche Bezeichnung dieses Kunstköders kann man das englische Wort »wobble« heranziehen – taumeln oder wackeln – welches die Aktionen eines Wobblers im Wasser ziemlich gut beschreibt. Die Vokabel war selbstverständlich auch für die Namensgebung des Köders verantwortlich, der an und auf Gewässern rund um den Globus eingesetzt wird. Ein klassischer Wobbler besteht aus einem har-

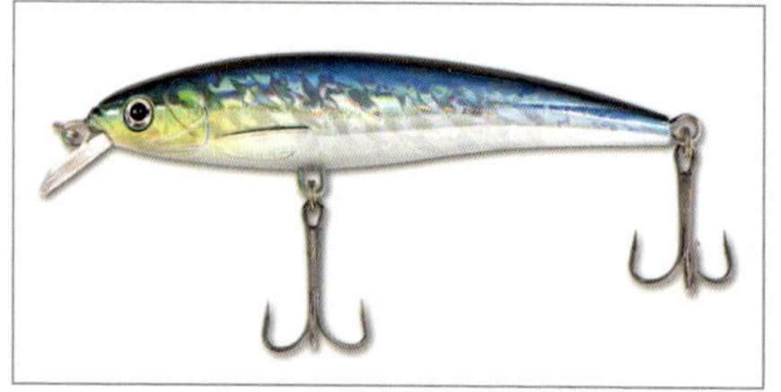

Flachlaufender Wobbler für küstennahe Reviere.

ten Körper, hat eine Tauchschaufel und imitiert einen Beutefisch, der schon etwas »angeschlagen« ist – sonst würde er ja nicht »wobbeln«. Eine vermeintlich leichte Beute also für Raubfische, die es in jeglichen Varianten, Größen und Farben gibt.

Um den passenden Wobbler für den Angeltag und den Zielfisch auszuwählen, muss man zwei grundlegende Dinge über diesen Köder wissen. Das Verhalten des Wobblers im Wasser beeinflussen zum einen das Sinkverhalten und zum anderen die Länge seiner Tauchschaufel – das ist die Verlängerung des Körpers aus Plastik oder Metall.

Es gibt Modelle, die schwimmen, die langsam sinken und solche, die schwerer sind und schneller sinken.

Das Sinkverhalten unter Zug beeinflusst zudem die Tauchschaufel. Je nach Form gibt eine Schaufel beispielsweise vor, ob der Wobbler in einer höheren Frequenz wobbelt, ob dieser strömungsstabil ist oder auch wie tief dieser unter Zug tauchen kann. Grundsätzlich bedeutet eine längere Schaufel mehr Wasserwiderstand und damit eine größere Tauchtiefe. Eine lange Schaufel ist also für Fische geeignet, die weiter unten im Wasser stehen, eine kurze und eher senkrechter stehende Schaufel für Fische, die in den oberen Schichten schwimmen.

Auf unsere Zwecke bezogen bedeutet das: Für Dorsche und Köhler, die am Grund oder im Mittelwasser zu finden sind, benötigen wir tief tauchende Wobbler. Modelle, die zwischen sechs und neun Meter Wassertiefe erreichen, sind geeignet. Für Meerforellen reichen Wobbler, die zwischen zwei und drei Meter tief tauchen können. Als Farbe sind Blau-Silber und Grün-Silber eine gute Wahl; Rot, Grün und Orange ebenfalls. Als grobe Richtgröße gehören Exemplare zwischen sieben und zwölf Zentimeter Länge in den Einkaufskorb. Achten Sie auch bei den Wobblern auf scharfe Hakenspitzen, und tauschen Sie die Drillinge nach einigen Angeltagen gegen neue der gleichen Größe aus.

Einen »Hänger« lösen

Insbesondere über steinigem Grund kommt es vor, dass Kunstköder oder Bleie am Grund hängen bleiben. Die Rute biegt sich und im ersten Moment denkt man vielleicht an den Fisch seines Lebens. In der Abdrift kann es für das Gerät jetzt schnell brenzlig werden. Deshalb geben Sie am besten etwas Schnur frei, vielleicht hat sich der Hänger dadurch schon gelöst. Ist dies nicht der Fall, können Sie die Schnur ein paar Mal um ein Holzstück wickeln und dann vorsichtig versuchen, den Köder freizubekommen. Als dritte Möglichkeit bietet sich das Freifahren an, also mit dem Boot verschiedene Winkel zu fahren und so zu versuchen, den Köder zu retten. Hilft alles nichts, wird früher oder später sowieso die Schnur reißen.

3.7 Naturköder

Ein Kunstköder kann sich im Wasser noch so verführerisch bewegen und noch so naturgetreu lackiert sein – er wird niemals an das Original, also an die natürliche Nahrung, herankommen. Es mag unkomplizierter sein, mit künstlichen Ködern zu fischen, doch insbesondere beim Buttangeln werden Sie damit nicht weit kommen. An Nord- und Ostsee sollten Sie sich vor allem mit Watt- und Seeringelwürmer auskennen und mit Muscheln und Fischfetzen.

3.8 Wattwurm

Der Wattwurm ist an der deutschen Küste der am meisten verwendeten Naturköder beim Meeresangeln. Er wird zwischen 10 und 25 Zentimeter lang, lebt im Sand- und Schlickboden und ist braun bis schwarz gefärbt, fingerdick und durch seinen Rüssel sowie sein dünneres Schwanzende ziemlich unverwechselbar. Die charakteristischen, gekringelten Sandhäufchen auf dem Grund kennzeichnen seinen Lebensraum. In der Nordsee kommt der Wattwurm so gut wie überall vor, an der Ostsee etwas weniger zahlreich. Er lebt in einer U-förmigen Röhre, die bis zu vierzig Zentimeter unter der Oberfläche liegen kann. Dort frisst er Sand und verdaut die organischen Reste, die sich im Wattboden befinden. Durch einen senkrecht gegrabenen Gang sackt Oberflächensand zum Wurm hinab in die Tiefe.

Mit diesem Wissen lassen sich Wattwürmer leicht selbst suchen. An der Nordseeküste zieht man bei Ebbe einfach mit einer Forke und einem Eimer los und gräbt an den Stellen, an denen die typischen Wattwurmhäufchen zu sehen sind. Ein Spaten verletzt zu viele Würmer und mit kleinen Schaufeln ist das Graben zu mühsam. Trennen Sie unbedingt die gesunden und heilen Würmer von den verletzten Exemplaren und »verangeln« letztere am besten noch am selben Tag.

An der Ostseeküste ist die Eigenversorgung mit den Ködern etwas schwieriger, weil es hier keine Ebbe gibt. Hier muss man bei niedrigen Wassertempe-

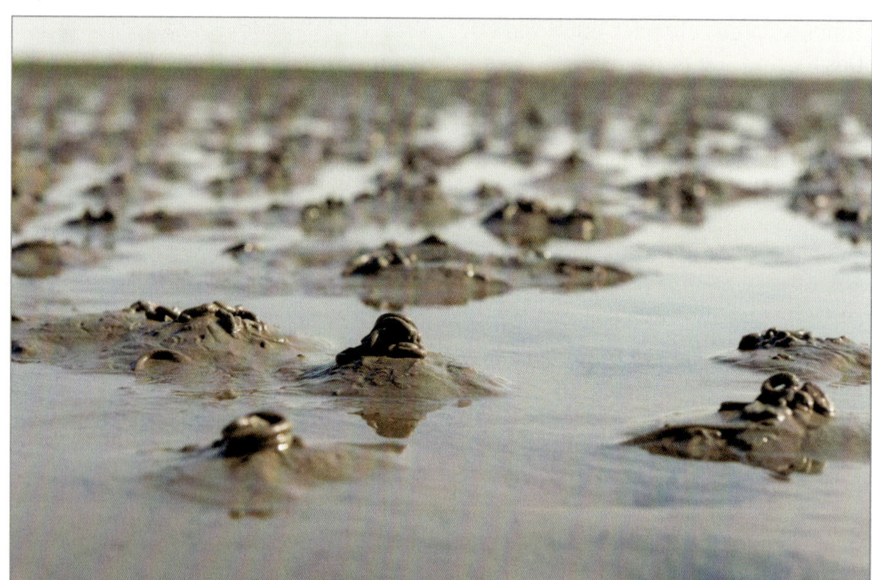

Typische »Haufen«, an denen man ein gutes Wattwurm-Vorkommen erkennt.

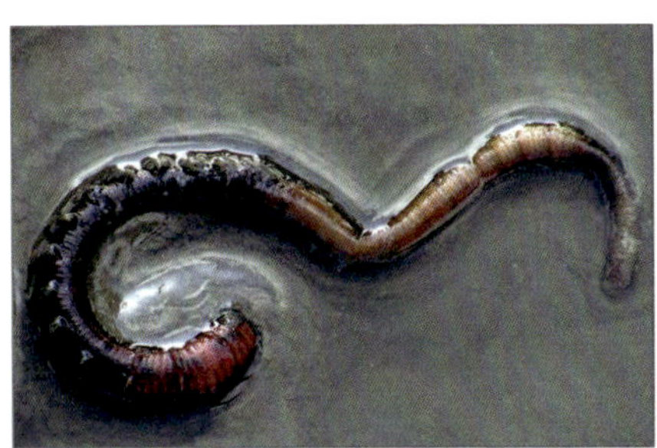
Wattwurm in Durchschnittsgröße.

raturen mit einer Wathose oder Watstiefeln ins flache Wasser, im Sommer reicht eine Badehose. In der Praxis werden an den Ostseestränden Wattwürmer »geplümpert«. Dazu kann ein gewöhnlicher Saugnapf zum Reinigen von verstopften Toiletten auf einen Besenstiel montiert werden, um an einer Stelle mit möglichst vielen Wattwurmhäufchen eine Mulde frei zu spülen. Besser und haltbarer sind Eigenkonstruktionen aus Metall, falls es sehr regelmäßig zum Plümpern geht; Anleitungen zum Bau finden sich einige im Internet.
Das Plümpern an sich besteht aus 10 bis 20 Stößen an der gleichen Stelle in den Grund. Dadurch werden die Wattwürmer freigespült und müssen letztlich nur noch per Hand oder mithilfe eines kleinen, engmaschigen Keschers eingesammelt werden. Etwas Geduld ist dabei gefragt, weil das Wasser durch das Plümpern getrübt wird. In einem Eimer mit frischem Ostseewasser können die Wattwürmer während der Suche nach weiteren Exemplaren erst einmal bleiben.
Die Aufbewahrung der ausgegrabenen oder geplümperten Wattwürmer ist dann etwas problematisch. In Zeitungspapier eingerollt kann man die Würmer höchstens zwei bis drei Tage am Leben erhalten, vorzugsweise an einem kühlen Ort. Wie Sie sich da zuhause oder an Bord durchsetzen, überlasse ich gern Ihren Formulierungskünsten ...
Wer nicht selbst graben oder plümpern möchte oder schlichtweg keine Zeit hat, der bekommt Wattwürmer natürlich im Fachhandel (Vorbestellung empfehlenswert); einige Angelläden bieten sie sogar im Automaten an, und an der dänischen Küste verkaufen sie manche Menschen auch privat am Straßenrand. Wattwürmer sind die absoluten Topköder für alle Plattfische, und an manchen Tagen ebenfalls für Dorsche. Um sie sicher auf den Haken zu schieben, bietet sich eine Ködernadel an.

3.9 Seeringelwurm

Der Seeringelwurm ist nicht das possierlichste Tierchen. Manche Angler haben gar ein bisschen Ehrfurcht und Respekt vor ihm, weil er ein Paar spitze Beißwerkzeuge besitzt, mit denen er kneifen kann. Das tut jedoch keinesfalls weh und ist auch nicht giftig, man sollte sich also nicht abschrecken lassen, den Seeringelwurm als Köder zu benutzen – an manchen Tagen ist er fängiger als der Wattwurm. Auch ein »Cocktail« aus Watt- und Seeringelwurm kann dem Angler Sternstunden bescheren. Eine ähnliche Selbstversorgung wie beim

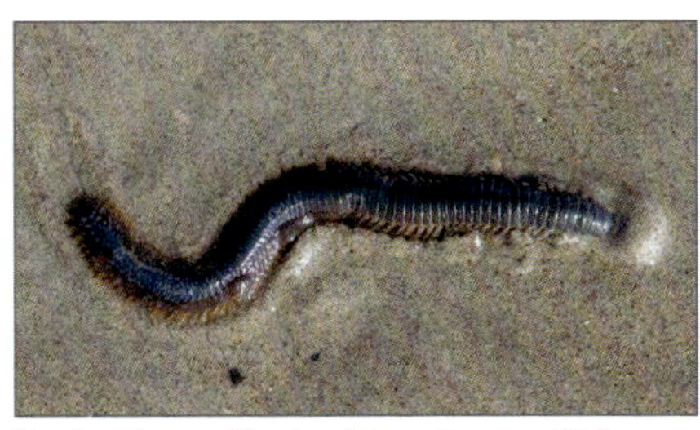
Seeringelwurm: fängige Alternative zum Wattwurm.

Wattwurm ist allerdings schwierig. Die Seeringelwürmer werden im Gegensatz zum Wattwurm vornehmlich im Ausland gezüchtet, und die meisten Angelgeschäfte an der Küste haben Seeringelwürmer immer vorrätig. Ein Anruf vor dem Besuch kann indes nicht schaden. Seeringelwürmer sind übrigens wesentlich länger »haltbar« als Wattwürmer: In frischem Meerwasser überleben sie mindestens eine Woche.
Am Haken sind die robusten Würmer ebenfalls ein dankbarer Köder. Man kann sie in Stücken verwenden oder im Ganzen nutzen und muss sie nicht nach jedem Ablassen tauschen.

3.10 Muscheln

In den Flüssen und Seen Deutschlands leben rund 25 verschiedene Muschelarten, in der Ostsee etwa 30 und in der Nordsee sind es gar über 60. Die Fische sind also an Muscheln gewöhnt und was auf dem natürlichen Speiseplan steht, kann am Angelhaken als Köder nicht ganz verkehrt sein. Muscheln gehören zu der Klasse der Weichtiere und sind sehr nützlich für die Umwelt. Sie dienen als Filter in ihrem Lebensraum: Sie ernähren sich von Schwebstoffen, indem sie diese aufnehmen und anschließend sauberes Wasser abgeben. Wo Muscheln sind, halten sich auch immer Fische auf – im Süß- wie im Salzwasser. Gängigster Köder in Nord- und Ostsee ist die Miesmuschel, die zwar etwas schwer am Haken hält, aber in Kombination mit einem Watt- und Seeringelwurm sehr gut beim Plattfischangeln funktioniert.

3.11 Fischfetzen

Fetzen vom Hering sind in der Nord- und Ostsee ein bewährter Köder, wenngleich Watt- und Seeringelwürmer häufiger benutzt werden. Insbesondere im

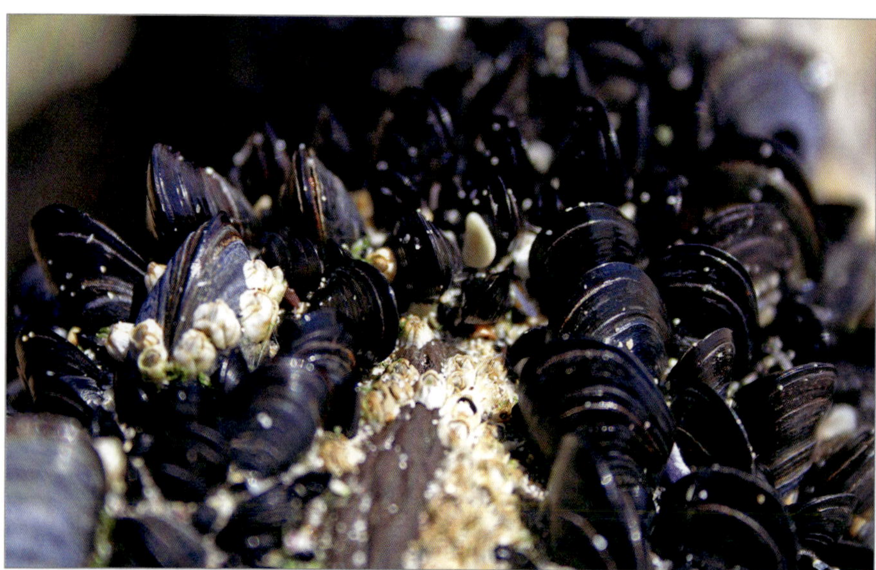

Miesmuscheln halten schwer am Haken, sind aber an machen Tagen sehr fängig.

Frühjahr, wenn die Heringsschwärme an die Küste ziehen, sollte man mindestens einen Haken seiner Plattfischmontage mit einem Heringsfetzen beködern. Entweder kauft man dafür ein paar Heringe beim örtlichen Fischer oder besorgt sich frisches »Material« mit dem Heringspaternoster. Um immer Fischfetzen parat zu haben, empfiehlt es sich, einige Heringe in der Tiefkühltruhe einzufrieren. Am besten portionsgerecht pro Angeltag, also vielleicht immer drei Stück zusammen. Mit einem oder mehreren Fischfetzen kann man selbstverständlich auch seinen Kunstköder »garnieren«. Ein natürlicher Happen auf dem Einzel- oder Drillingshaken kann in einer Beißflaute bewirken, dass man doch noch den einen oder anderen Fisch erwischt. Wie groß die Fischfetzen geschnitten werden, hängt natürlich von der Angelart ab. Nehmen wir Scholle, Flunder und Kliesche als Zielfisch Nummer eins, sollten die Fetzen nicht zu groß sein - fünf Zentimeter Länge und ein Zentimeter Breite sind eine gute Richtschnur. Schauen Sie einfach, welcher Happen gut auf den Haken der Größe 2 bis 4 passt.

4 Welche Arten gehen an den Haken?

In Nord- und Ostsee gibt es mehr Fischarten als man denkt. Nicht alle sind für Angler interessant, nicht alle sind gleich genießbar oder gleich zahlreich. In diesem Kapitel gibt es einen Überblick über die wichtigsten Fischarten, die hoffentlich jeder einmal an die Angel bekommt (außer dem Petermännchen).

4.1 Dorsch

Der Dorsch war lange Zeit der absolute Zielfisch Nummer eins in der Ostsee. Ende 2021 hat der EU-Ministerrat allerdings entschieden, den Dorschfang drastisch zu limitieren, um die Bestände wieder aufzubauen. In der westlichen Ostsee darf im Jahr 2022 nur ein Dorsch pro Tag und Angler entnommen werden. Stichproben sollen durchgeführt werden. Wie diese Regelung im Jahr 2023 aussieht, war bei Drucklegung dieses Buches noch nicht klar, aber es gilt als sehr wahrscheinlich, dass das Fanglimit nicht von einem Jahr auf das andere komplett aufgehoben wird. Deshalb fällt die Beschreibung des Dorsches, der in der Nordsee oftmals unter der Bezeichnung Kabeljau läuft, etwas kleiner aus, als es ihm vielleicht in früheren Jahren gebührt hätte.

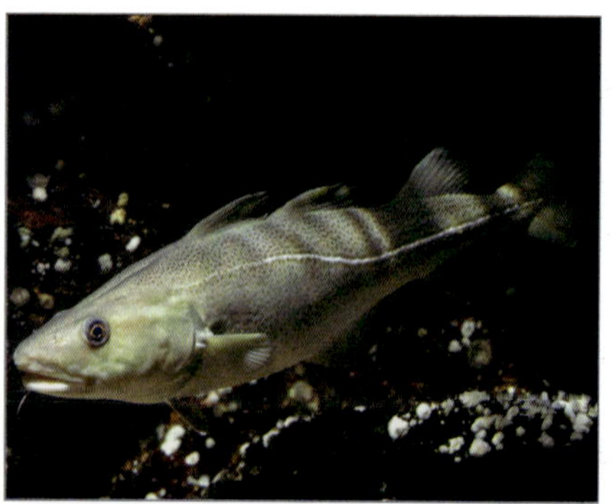

Der Dorsch ist derzeit mit Fangbeschränkung belegt.

Frühling und Herbst gelten an der Ostsee als beste Fangzeit für Dorsch. Die Fische stehen dann flach und sind recht küstennah zu finden. Oft genügt es dann, mit dem Boot nur einige hundert Meter rauszufahren und die klassischen Stellen wie Riffe, kleine Abbruchkanten oder Steinfelder anzufahren. Beißt kein Fisch, fährt man ein Stück weiter, denn auch Dorsche sind Schwarmfische. Fängt man einen, fängt man meist mehrere (wenngleich auch nicht mehr erlaubt).
Auch Fischer und deren Stellnetze geben Ihnen einen guten Anhaltspunkt, welcher Tiefenbereich gerade Erfolg versprechend ist. Aber Vorsicht: Nicht immer ist klar erkennbar, wie die Netze zwischen den Markierungen verlaufen, und schnell hängt der Köder in den Maschen fest. Also lieber einen größeren Sicherheitsabstand wahren!
Je nach Driftgeschwindigkeit und Tiefe sind beim Bootsangeln auf der Ostsee Jigkopfgewichte zwischen 20 und 80 Gramm notwendig, um den Köder kontrolliert am Grund zu halten. In der Regel genügen 30 oder 40 Gramm. Die Gummifische sollten mit 8 bis 12 Zentimetern Länge nicht zu groß ausfallen. Zu den Farben: Hier gilt grundsätzlich das Gleiche wie bei den Pilkern: Die Kombinationen Motoroil/Glitter, Orange/Schwarz, Gelbtöne, Rottöne und Blau/Glitter bilden einen guten Farbgrundstock.

STECKBRIEF DORSCH	
Wissenschaftlicher Name	Gadus morhua
Maximale Länge	150 Zentimeter
Maximales Gewicht	50 Kilogramm
Laichzeit	Februar bis April
Nahrung	kleine Fische, Kleintiere
Vorkommen	Nordatlantik, Nord- und Ostsee
Besondere Merkmale	großer Kopf, oberständiges Maul, kräftige Bartel
Beste Köder	Pilker + Beifänger, Würmer
Beste Fangzeit	Frühjahr und Herbst
Beste Reviere	Stein- und Leopardengrund, 10 bis 30 Meter Tiefe

Auch wenn Gummifische in der Regel super fangen, fischen viele Angler sehr gern mit dem Pilker. Gewichte zwischen 50 und 75 Gramm reichen für das küstennahe Angeln aus; für größere Tiefen und viel Drift kann man einige Exemplare in 100 und 125 Gramm in der Kiste deponieren. Ein Vorfach mit Beifänger vor dem Pilker ist an manchen Tagen die Garantie für Bisse. Als Einsteiger kaufen Sie das am besten fertig montiert im Fachhandel. Als Beifänger oberhalb des Pilkers in rund 50 Zentimetern Abstand ist dort meistens ein sogenannter Twister befestigt, oft mit gelbem Kopf und rotem Schwanz. Diese Kombination ist seit vielen Jahren der absolute Klassiker und sehr fängig. Es kann jedoch nicht schaden, andere Farben dabei zu haben.

Nach dem ruckartigen Anheben der Rute entwickeln die Köder in der Absinkphase – durch Taumeln oder Wackeln mit dem Gummischwänzchen – ihr Spiel. Sie simulieren kranke Fische und damit leichte Beute für die Dorsche. Gefischt wird immer dicht über dem Grund, dort geht der Dorsch auf Nahrungssuche. Wie genau gepilkt wird, steht in einem gesonderten Kapitel.

4.2 Plattfische

Warum ein Plattfisch so heißt, wie er heißt, dürfte klar sein. Er liegt halt meistens am Grund, und dort ist es schließlich besser, eine eher flache Form zu besitzen als die einer Makrele. Weltweit gibt es mindestens 650 Plattfischarten, von denen man in der Nord- und Ostsee vornehmlich vier fangen kann: Flunder, Kliesche, Scholle, Steinbutt.

Das Angeln auf Plattfisch vom treibenden sowie verankerten Boot kann sehr erfolgreich verlaufen und wenn dabei einige Grundsätze beachtet werden, kann man jederzeit mit sehr guten Fängen im zweistelligen Bereich rechnen. Der Bestand in Nord- und Ostsee hat sich in den vergangenen Jahren erfreulich entwickelt und da der frühere »Brotfisch« der Ostseeangler, der Dorsch, mit einem recht rigorosen Fanglimit belegt wurde, konzentrieren sich etliche Petrijünger nun auf andere Fischarten – und die schmackhaften stehen dabei ganz oben auf der Beliebtheitsskala.

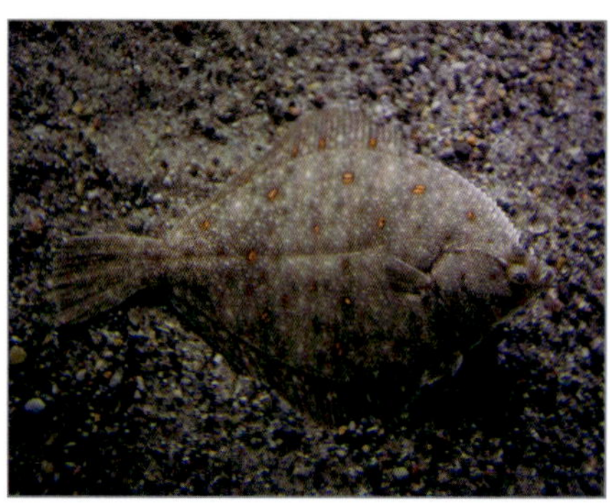
Schollen sind an den roten Punkten erkennbar.

Plattfische kommen in allen Meeren der Welt vor und bevorzugen hauptsächlich Sand- und Kiesgründe. Dort ernähren sie sich hauptsächlich von Wattwurm, Seeringelwurm, kleinen Fischen, Muscheln und Garnelen. Doch Wattwurm und Seeringelwurm sind wohl die besten sowie fängigsten Köder, die zudem auch noch am einfachsten zu beschaffen sind.

Beim Plattfischangeln vom Boot können wir getrost unsere Allroundrute einsetzen, die wir auch zum Dorsch-, Herings- oder Makrelenangeln einsetzen – 2,40 Meter bis 2,70 Meter lang und mit einem Wurfgewicht zwischen 50 und 100 Gramm ausgestattet. Als Rolle bietet sich die Stationärrolle der Größe 4000 an (Näheres im Kapitel »Angelgerät«), komfortabel ist das Plattfischangeln aber oftmals auch mit einer kleinen Multirolle. Da die Montage lediglich zum Grund gelassen wird, muss eigentlich nur permanent Schnur nachgegeben werden. Das ist bei einer Multirolle etwas bequemer, da hier nur der Daumen die Spule bremst und nicht immer ein Bügel umgeklappt werden muss. Der Kontakt zum Grund beziehungsweise zum Köder ist zudem etwas direkter.

Einsteiger kaufen die Montagen zum Plattfischangeln am besten im Fachhandel. Die sind fertig vorgebunden und auf den Einsatzzweck abgestimmt. Gängig ist eine Nachläufer-Montage, bei der Blei auf der Schnur gleitet und der Haken dahinter hängt. Über dem Blei besitzt das Vorfach oft noch einen zweiten Haken an einem kleinen Ausleger, damit sich das Ganze unter Wasser nicht verhakt. Unmittelbar vor den

STECKBRIEF SCHOLLE	
Wissenschaftlicher Name	Pleuronectes platessa
Maximale Länge	95 Zentimeter
Maximales Gewicht	7 Kilogramm
Laichzeit	Wintermonate
Nahrung	Würmer, Krebse, kleine Fische
Vorkommen	alle europäischen Küsten
Besondere Merkmale	sehr kleine Schuppen, rote Punkte, Augen rechtsseitig
Beste Köder	Watt- und Seeringelwürmer, Heringsfetzen
Beste Fangzeit	Mai bis November
Beste Reviere	Sand- und Mischgrund, 10 bis 30 Meter Tiefe

STECKBRIEF FLUNDER	
Wissenschaftlicher Name	Platichthys flesus
Maximale Länge	50 Zentimeter
Maximales Gewicht	3 Kilogramm
Laichzeit	Februar bis Mai
Nahrung	Würmer, Muscheln, Krebse
Vorkommen	Nord- und Ostsee, Mittelmeer, Atlantik
Besondere Merkmale	raue Schuppen, nicht so rote Flecken wie die Scholle
Beste Köder	Watt- und Seeringelwürmer
Beste Fangzeit	Mai bis November
Beste Reviere	Mischgrund, 5 bis 20 Meter Tiefe

Haken besitzen viele dieser Vorfächer kleine, bunte Perlen oder kleine Blättchen. Diese dienen als Lockmittel und sollen Scholle & Co zum Anbiss verführen. Welche Perlenfarbe an welchem Tag erfolgreich ist, muss ausprobiert werden. Deshalb gehören Vorfächer mit unterschiedlichen Farb-Kombinationen in den Einkaufskorb.

Als Gewicht dienen normale Birnenbleie mit einem Gewicht zwischen 50 und 150 Gramm. Je nach Drift wird das Gewicht angepasst, damit die Montage möglichst lange am Grund verbleibt und damit dort, wo sich unser Zielfisch aufhält beziehungsweise vergraben hat.

Der langschenklige Butthaken wird mit ein bis zwei Wattwürmern oder einer Kombination aus Wattwurm und Seeringelwurm beködert. Pro Angler sollte man dabei mit 50 Würmern pro Angelausflug rechnen. Wer nicht selbst graben möchte, bekommt die Köder in jedem Angelfachgeschäft an der Küste, in Dänemark mitunter auch am Straßenrand oder in Automaten. Mit einer Ködernadel lassen sich die Würmer für ungeübte Hände am einfachsten auf den Haken schieben.

So ausgestattet lassen Sie die Montage nun kontrolliert einfach zum Gewässergrund ab, bis keine Schnur mehr nachläuft, schließen den Rollenbügel und nehmen Kontakt auf. Das merken Sie in der Rutenspitze, wenn das Blei am Grund einen kleinen Gegendruck erzeugt. Die Rute halten Sie im 90-Grad-Winkel zur Schnur und haben nun einen direkten Kontakt nach unten. Das Boot lassen Sie dabei über den vermeintlich besonders plattfischträchtigen Grund driften und ziehen die Montage langsam mit. Dafür muss, wie bereits erwähnt, je nach Drift zusätzlich Schnur ausge-

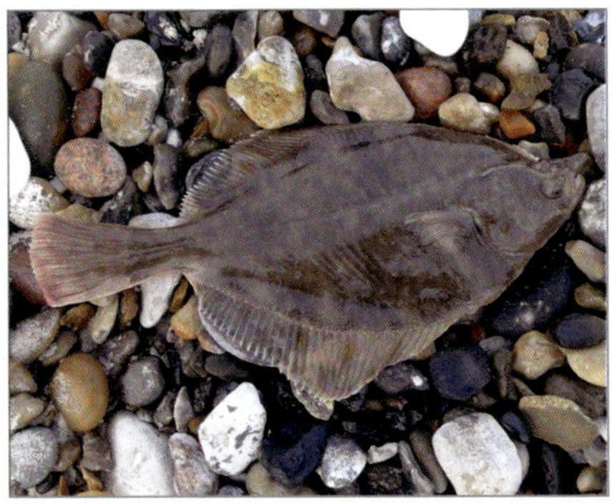
Die Flunder ist einer der Ostsee-»Brotfische«.

STECKBRIEF KLIESCHE	
Wissenschaftlicher Name	Limanda limanda
Maximale Länge	40 Zentimeter
Maximales Gewicht	1,5 Kilogramm
Laichzeit	Dezember bis Mai
Nahrung	Muscheln, Schnecken, Krebse
Vorkommen	Südliche Nordsee, westliche Ostsee
Besondere Merkmale	glatte Oberfläche, gebogene Seitenlinie
Beste Köder	Watt- und Seeringelwürmer, kleine Heringsfetzen
Beste Fangzeit	April bis Oktober
Beste Reviere	Sandgrund, Strömungsrinnen, bis 40 Meter Tiefe

lassen werden. Das Blei wühlt jetzt ein bisschen im Sand herum und macht die Fische auf Ihre Montage aufmerksam. Hat nach einiger Zeit nichts gebissen, stimmt eventuell die Perlenfarbe am Vorfach nicht oder die Wassertiefe. Am Köder kann es kaum liegen, Watt- und Seeringelwürmer funktionieren eigentlich immer.

Beißt ein Butt, merken Sie dies an einem leichten Vibrieren der Rutenspitze. Jetzt gilt es, etwas Ruhe zu bewahren, weil Schollen, Flundern und Klieschen ein relativ kleines Maul haben und ein bisschen Zeit benötigen, um den Köder aufzunehmen. Wird das Vibrieren oder Zucken etwas stärker, reißen Sie die Rute etwas nach oben und merken sofort, ob der Fisch hängt. Wer jetzt noch etwas wartet, kann darauf spekulieren, dass ein zweiter Fisch einsteigt und eine Dublette gedrillt werden kann.

Abschließend noch einige Anmerkungen zum Steinbutt, von dessen Fang

STECKBRIEF STEINBUTT	
Wissenschaftlicher Name	Scophthalmus maximus
Maximale Länge	100 Zentimeter
Maximales Gewicht	25 Kilogramm
Laichzeit	April bis August
Nahrung	kleine Fische (Sandaal, Sprotte), Muscheln, Würmer
Vorkommen	Atlantikküste Europas, Nord- und Ostsee, Mittelmeer
Besondere Merkmale	fast kreisrund, Augen linksseitig, keine roten Punkte
Beste Köder	ganzer Sandaal, Fischfetzen, Pilker
Beste Fangzeit	ganzjährig, bis auf den Winter
Beste Reviere	Mischgrund, 10 bis 70 Meter Tiefe

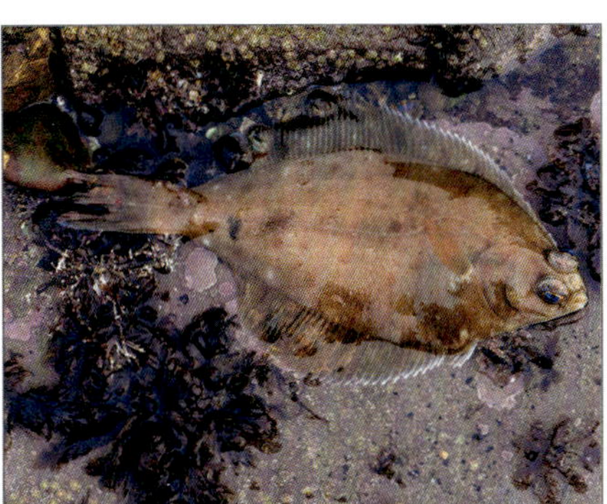
Klieschen gehen häufig an den Haken.

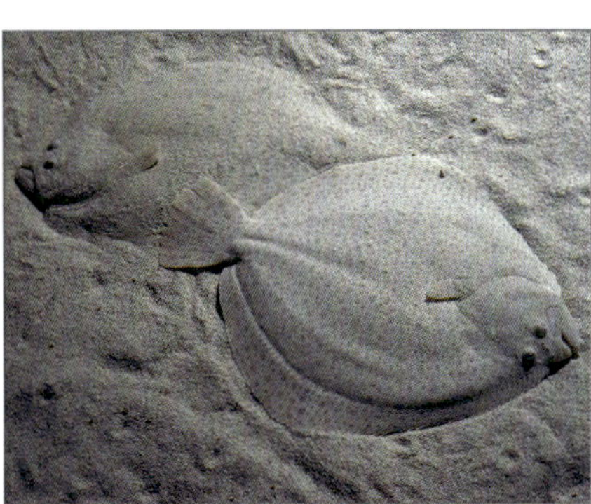
Der Steinbutt ist der größte Ostsee-Plattfisch.

viele Angler an der Ost- und Nordsee träumen: Sie können für ihn die gleichen Vorfächer wie für Scholle, Kliesche und Flunder nehmen, aber auch Fischfetzen oder sogar ganze Sandaale als Köder nehmen. Die Haken dürfen dafür dann etwas größer ausfallen. Der Steinbutt kann auch beim Angeln mit Gummifisch oder Pilker an den Haken gehen. Er ist ein mitunter gieriger Jäger.

4.3 Hering

Zur rechten Zeit am rechten Ort, und die Kiste ist schnell mit Heringen gefüllt. Zur Laichzeit im Frühjahr ziehen riesige Heringsschwärme an die Ostseeküsten und werden dort von zahlreichen Anglern befischt. Am Ufer stehen sie dicht an dicht und werfen ihre Paternoster aus. Nicht selten verheddern sich die Schnüre, insbesondere, wenn gleich mehrere Heringe angebissen haben.

Vom Boot aus ist man in einer deutlich komfortableren Situation. Mit dem Echolot oder Fischfinder manövriert man direkt über die Schwärme und lässt seine Montage ganz einfach

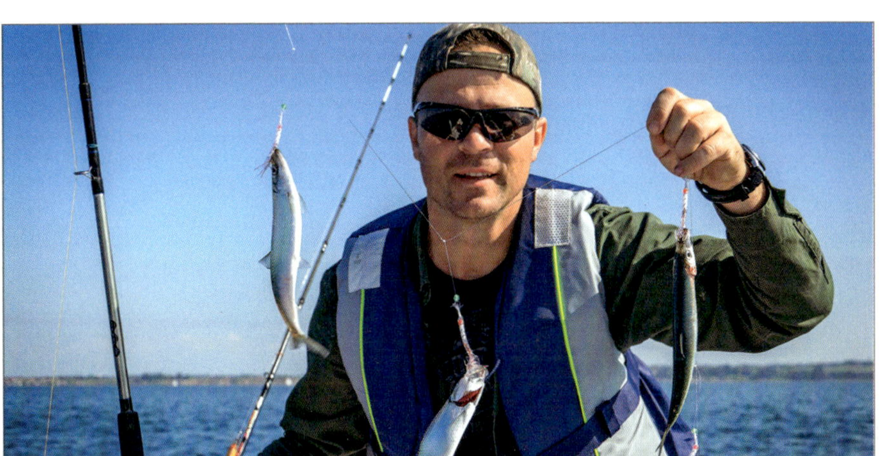
Oft beißen mehrere Heringe zeitgleich.

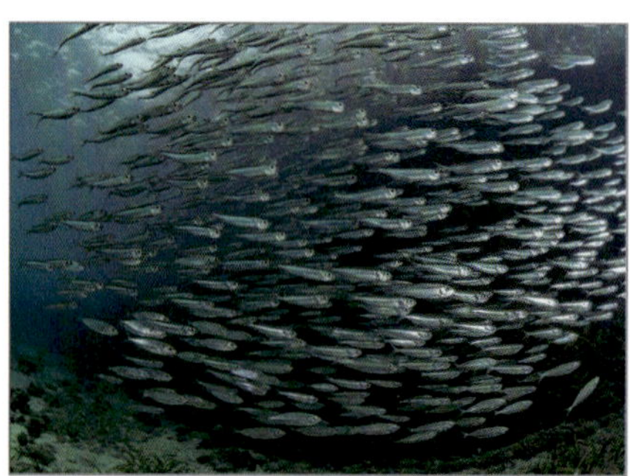
Heringe werden auch »Silber des Meeres« genannt.

ab, wenn der Bildschirm einen Fischschwarm anzeigt; sie werden meist als Wolke im Mittelwasser dargestellt.
Das Gerät ist beim Heringsangeln vom Boot nicht ganz so entscheidend. Eine 2,70 Meter lange Rute mit einem Wurfgewicht bis 80 oder 100 Gramm und eine mittlere Stationärrolle, die mit 10 Kilogramm tragender Schnur bespult ist, reichen aus – also quasi das gleiche Equipment, das man als Gelegenheitsangler auch für das Dorsch- und Plattfischangeln verwendet. In den Wirbel wird ein Heringspaternoster gehängt und an dessen Ende ein sogenanntes Heringsblei. Der Paternoster besteht aus fünf Haken, die mit Fischhaut oder Fäden versehen sind, und ist vielleicht zwei Meter lang. Die flache Dreiecksform des rot-weiß lackierten Heringsbleis lässt den Paternoster langsam absinken, sodass er nicht gleich durch den Schwarm hindurchrauscht.
Zum Heringsfang gehen Sie nun wie folgt vor: Haben Sie das Boot genau über dem Schwarm positioniert, öffnen Sie den Bügel der Rolle und lassen kontrolliert Blei und Paternoster ab. Man kann die Schnur beispielsweise durch Daumen und Zeigefinger etwas abbremsen. Oft beißen Heringe schon beim Absinken – das merken Sie dadurch, dass das Ablaufen der Schnur stoppt und die Rutenspitze leicht vibriert. Wer jetzt in Hektik verfällt, verschenkt wertvolle Bisse. Durch das Gezappel des ersten Herings werden oft weitere angelockt und zum Anbiss verführt. Wer einen dichten Schwarm erwischt hat, kann sich mitunter über ein »Full house« freuen. Fänge von 100 Heringen pro Tag sind an guten Tagen in der Kieler Förde, vor Rügen oder in der Eckernförder Bucht übrigens keine Seltenheit.

STECKBRIEF HERING	
Wissenschaftlicher Name	Clupea harengus
Maximale Länge	40 Zentimeter
Maximales Gewicht	800 Gramm
Laichzeit	Frühjahr (Ostsee), Herbst (Nordsee)
Nahrung	Plankton, Fischlarven, kleine Krabben
Vorkommen	Nordatlantik, Nord- und Ostsee
Besondere Merkmale	schlanker Körper, silbrig glänzend, Maul oberständig
Beste Köder	Heringspaternoster
Beste Fangzeit	März bis Mai
Beste Reviere	Häfen, abseits der Fahrrinne

Hat beim Ablassen noch kein Hering gebissen, lassen Sie das Blei bis zum Grund absinken und kurbeln dann drei bis vier Mal schnell an der Rolle, damit sich das Blei nicht am Grund verkantet. Nun beginnen Sie mit einer ähnlichen Technik wie beim Dorschpilken – Montage einige Male zupfen, dann etwas Schnur einholen. Hat der erste Hering gebissen, eine kurze Pause einlegen und auf weitere Exemplare spekulieren.

Da sich Boot und Schwarm natürlich bewegen, muss nach zwei bis drei erfolglosen Versuchen beim reinen Ablassen des Paternosters neu ausgeworfen werden. Sind mehrere Angler an Bord, testet jeder verschiedene Richtungen und Entfernungen, sodass relativ schnell klar wird, wo die Heringe hingezogen sind.

Da die kleinen, schmackhaften Silberlinge recht viele Schuppen besitzen, sollten die Heringe an Bord in einer großen Kiste abgehakt und versorgt werden. Am Ende des Angelausflugs lässt sich der Fang dann leicht mit einem Drahtsetzkescher entschuppen. Einfach alle Heringe hineingeben, den Setzkescher an einer Leine ins Wasser lassen und kräftig hin und her bewegen – so rieseln die meisten Schuppen ins Meer.

4.4 Makrele

Ein torpedoförmiger Körper und blauschwarze Musterung auf dem Rücken kennzeichnen die Makrele, die auch als kleiner Thunfisch gilt. Wie viele Fische in Nord- und Ostsee ist auch die Makrele ein Schwarmfisch; Fänge von mehreren Exemplaren sind deshalb an der Tagesordnung. Haben Sie einen richtig guten Tag erwischt, können gut und gern bis zu 50 Makrelen in der Kiste landen.

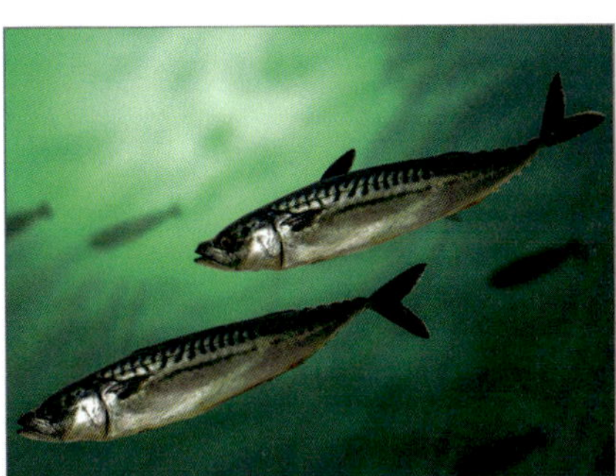

Makrelen kommen vor allem in der Nordsee vor.

Hochsaison ist im Sommer nach dem Laichen, wenn die riesigen Schwärme an die Nordseeküste und teils auch bis in die Ostsee vordringen.

Sonniges Wetter bei ruhiger See sind beste Bedingungen, um auf einem Boot Makrelen zu fangen. Dabei muss man nicht ständig auf sein Echolot schauen, sondern besser die Wasseroberfläche beobachten. Wo Möwen über der Wasseroberfläche kreisen und mitunter nach unten stoßen, sind sehr wahrscheinlich Makrelen unterwegs. Sie treiben ihre Beute, kleine Fische oder Garnelen, nach oben, die sich wiederum die Möwen schmecken lassen.

Um hier Makrelen zu fangen, wird oft ein Paternoster-System gewählt. Das besteht, ähnlich wie beim Heringsan-

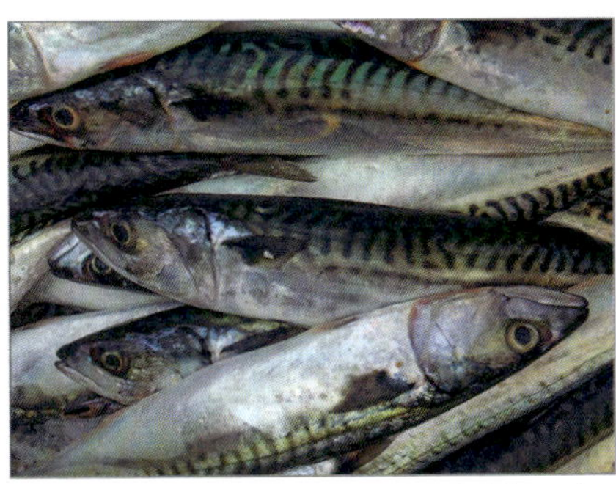

Im Sommer muss ein Makrelenfang gekühlt werden.

STECKBRIEF MAKRELE	
Wissenschaftlicher Name	Scomber scrombus
Maximale Länge	70 Zentimeter
Maximales Gewicht	1 Kilogramm
Laichzeit	Mai bis Juli
Nahrung	kleine Fische, Kleintiere
Vorkommen	Nordatlantik, Mittelmeer, Nord- und Ostsee
Besondere Merkmale	silber-grüne Färbung, torpedoförmig, endständiges Maul
Beste Köder	Paternoster, Blinker
Beste Fangzeit	Sommer
Beste Reviere	ab 10 Meter Wassertiefe

geln, aus einer etwa 1,50 bis 2 Meter langen Vorfachschnur, an der in regelmäßigem Abstand mehrere Haken mit Fischhaut, Lockperlen oder glitzernden Fäden befestigt sind. Am Ende des Vorfachs wird ein Pilker befestigt – je nach Wassertiefe und Drift zwischen 50 und 150 Gramm. Das Paternoster-System lassen Sie nun einfach in die Tiefe rauschen und bremsen das Absinken mit dem Finger etwas ab. Treibt das Boot über dem Schwarm, wird ein erster Biss nicht lange auf sich warten lassen. Hat beim Absinken keine Makrele angebissen, holen Sie die Montage mit leichten Zupfern einfach wieder ein. Beißt dann eine Makrele an, empfehlen manche Angler, noch einen Moment zu warten. Durch die Bewegung, die die flüchtende Makrele auslöst, beißen ähnlich wie beim Heringsangeln noch weitere Fische an. Da Makrelenfleisch empfindlich ist, sollte der Fang möglichst kühl gehalten werden. Feuchte Tücher über der Kiste sind das Mindeste, besser ist Eis, dass man morgens von zuhause oder der Tankstelle mitgebracht hat.

4.5 Hornhecht

Mit dem Hecht aus Seen und Flüssen hat der Hornhecht nicht viel gemein. Nur der lange »Schnabel« ist dem Namensvetter aus dem Süßwasser etwas ähnlich, gleichzeitig besitzt auch der Hornhecht recht scharfe Zähne, weshalb man nach dem Biss oder Fang die letzten Zentimeter seiner Angelschnur stets kontrollieren sollte. Ist diese durch das Hornhecht-Gebiss angeraut, sofort abschneiden und den Wirbel neu anknoten.

Entgegen den Süßwasser-Hechten leben Hornhechte in Schwärmen und ja-

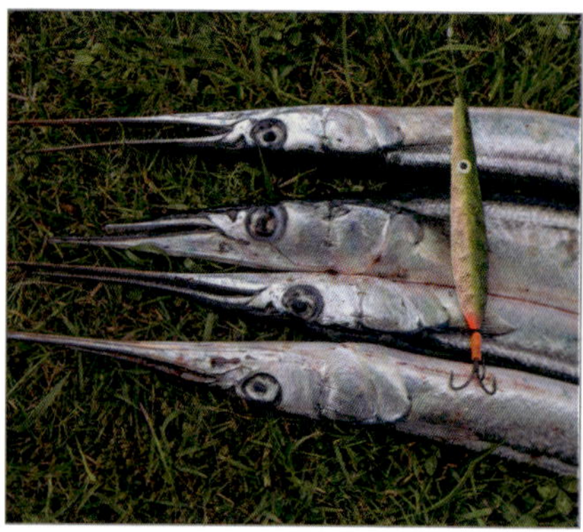

Hornhechte beißen im Frühsommer.

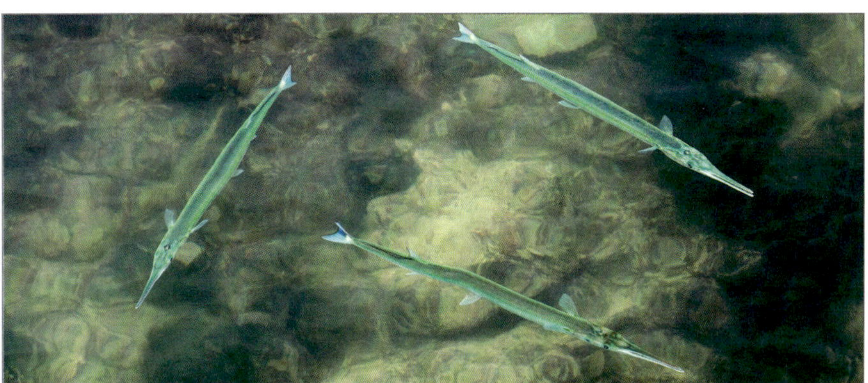
Für den Oberflächenjäger Hornhecht müssen Köder flach geführt werden.

gen gemeinsam. Dies geschieht meist an der Wasseroberfläche oder in maximal zwei Metern Tiefe. Auf Hornhecht können Sie also mit leichten Ködern wie etwa Blinkern mit 10 bis 25 Gramm Gewicht fischen. Als Patentrezept für die etwas argwöhnisch und vorsichtig beißenden Hornhechte hat sich eine Kombination aus Blinker und Naturköder als sehr erfolgreich herausgestellt. Demontieren Sie dafür den Drillingshaken des Blinkers (schlanke Form, verschiedene Farben testen), knoten Sie in den Ring ein Stück Angelschnur und nach drei bis fünf Zentimetern einen Einzelhaken der Größe 4 bis 8 an; darauf kommt dann ein Fischfetzen. Das Ganze wird ausgeworfen und mit recht gleichmäßiger Geschwindigkeit, nur unterbrochen von kleinen Zupfern, eingeholt. Hat ein Hornhecht gebissen, folgen oft weitere. Mitunter springen die oft auch Mini-Marlins genannten Fische im Drill aus dem Wasser und versuchen, den Haken abzuschütteln (was mitunter gelingt).

In den Sommermonaten werden Molen, Häfen und Strände zu Hornhechtrevieren und versprechen zahlreiche Fänge; die Saison beginnt indes schon im Mai.

STECKBRIEF HORNHECHT	
Wissenschaftlicher Name	Belone belone
Maximale Länge	70 Zentimeter
Maximales Gewicht	350 Gramm
Laichzeit	Mai/Juni
Nahrung	kleine Fische, Krebse
Vorkommen	Nordost-Atlantik, Nord- und Ostsee, Brackwasser
Besondere Merkmale	spitzer »Schnabel«, sehr längliche Form
Beste Köder	Blinker, Fischfetzen
Beste Fangzeit	Mai bis Juli
Beste Reviere	Leopardengrund, 150 bis 300 m vom Ufer

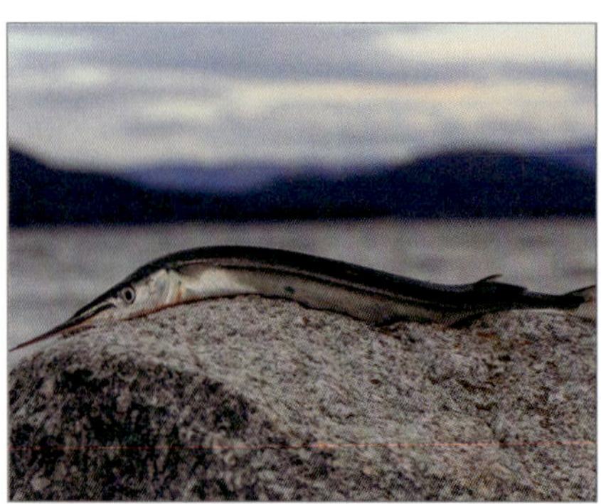

Hornhechte sind meist nicht allein unterwegs.

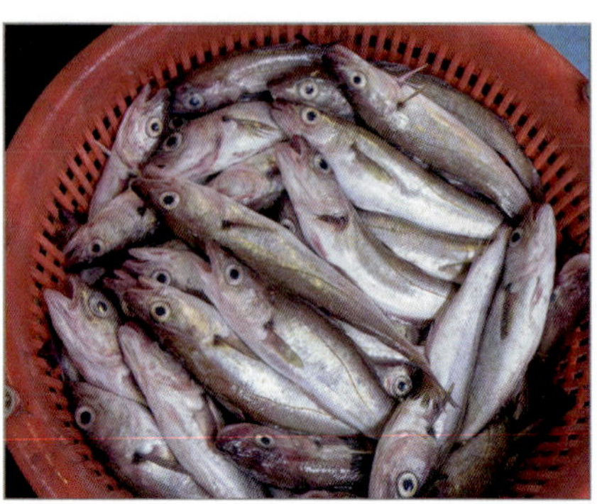

Wittlinge sind nicht sehr groß, aber schmackhaft.

Als Faustregel kann gelten: Wenn der Raps blüht, beginnt der Hornhecht zu beißen. Leopardengrund, also ein gemischter Untergrund aus Sand und Steinen, ist wichtig sowie eine nicht allzu große Entfernung vom Ufer. Sollten mehrere Angler an Bord sein, achten Sie beim Auswerfen auf die anderen – gerade, wenn Sie noch nicht so erfahren sind.

4.6 Wittling

Der Wittling gehört wohl zu den wohlschmeckendsten Speisefischen in Nord- und Ostsee. Sein weißes Fleisch ist sehr fettarm und deshalb bei eigentlich allen Menschen beliebt. Gebratene Wittling-Filets zählen zu den besten Gerichten, die man sich mit der Angelrute hierzulande »besorgen« kann.

Allerdings muss man dafür etwas weiter hinausfahren, denn in Küstennähe werden relativ wenige Wittlinge gefangen, da sich die Fische nur ungern in flachen Revieren aufhalten. Man trifft auf Wittlingschwärme vornehmlich ab einer Wassertiefe von mindestens 15 Metern. Gute Spots gibt es beispielsweise vor der niederländischen Küste, in der Travemünder Bucht und der

STECKBRIEF WITTLING	
Wissenschaftlicher Name	Merlangius merlangus
Maximale Länge	70 Zentimeter
Maximales Gewicht	3 Kilogramm
Laichzeit	Frühjahr
Nahrung	kleine Fische, Würmer, Krebstiere
Vorkommen	Nordatlantik, westliche Ostsee
Besondere Merkmale	schwarzer Fleck an Brustflossen, spitzes Maul, keine Barteln
Beste Köder	Naturköder, Pilker/Beifänger
Beste Fangzeit	August bis Januar
Beste Reviere	Misch- und Steingrund, ab 15 Meter Tiefe

Eckernförder Bucht sowie vor Fehmarn. Wittlinge gehen dabei meist als Beifang beim Dorschangeln an den Haken, wenngleich sie besser auf Naturköder beißen. Hat man also einen Wittling erwischt, empfiehlt es sich durchaus, die Angelmethode kurzzeitig zu ändern. Wer kleine Fischfetzen (Hering oder Makrele) oder Wattwürmer zur Hand hat, beködert damit ein Makrelen- oder zur Not auch ein Heringspaternoster. Die Kombination aus Natur- und Kunstköder hat sich bewährt, und meistens landen so noch einige weitere Exemplare an Bord.

4.7 Köhler

Immer wieder taucht in unserem Leben der Begriff »Seelachs« auf. Er steht auf Packungen mit rechteckigen panierten Fischriegeln sowie auf Salaten und wird auf dem Markt oft so angepriesen, als ob er eine seltene Delikatesse wäre. Marketing-Strategen haben den Köhler, denn so heißt der Seelachs in Wahrheit, umgetauft, um ihn verkaufbarer und wertiger zu machen. Der Köhler schmeckt zwar sehr gut, ist allerdings

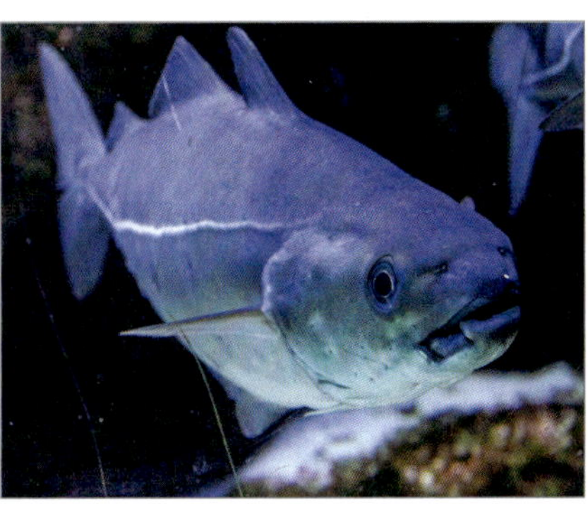

Köhler ziehen immer häufiger in die Ostsee.

kein seltener Fisch und hat mit einem Lachs nur so viel zu tun, als dass beide Fische sind.

Vor Norwegen ist der Köhler der Brotfisch vieler Angler. Er bildet Schwärme und kann in kleineren Größen bis etwa drei Kilogramm sehr einfach gefangen werden. Untiefen im Fjord oder Meer ziehen Köhler bei auflaufendem Wasser förmlich an. Beim Fischen mit Paternoster-Systemen beißen mitunter drei bis vier Köhler gleichzeitig an, die dann in unterschiedliche Richtungen zerren. Solch ein Drill kann das Angelgerät an die Belastungsgrenze bringen. Große

STECKBRIEF KÖHLER	
Wissenschaftlicher Name	Pollachius viren
Maximale Länge	130 Zentimeter
Maximales Gewicht	20 Kilogramm
Laichzeit	Januar bis April
Nahrung	Fischbrut, Garnelen, kleine Fische
Vorkommen	Nordatlantik, Ostsee
Besondere Merkmale	schwarzen Färbung am Rücken, helle, gerade Seitenlinie
Beste Köder	Pilker und Beifänger
Beste Fangzeit	Mai bis Oktober
Beste Reviere	Strömungsreiche Plätze, ab 10 Meter Tiefe

Köhler, die bis zu 20 Kilogramm auf die Waage bringen können, werden meist über tiefem Wasser in Norwegen gefangen. Zeigt das Echolot mehr als 200 Meter Wassertiefe an, lassen erfahrene Angler einen 100 oder 150 Gramm schweren Pilker weit ab und kurbeln ihn dann mit Höchstgeschwindigkeit wieder ein. Der Anbiss eines Großköhlers, mit dem in manchen Fjorden jederzeit gerechnet werden muss, erfolgt extrem rabiat, ein brachialer Drill folgt.

Der Köhler hat es trotz seiner großen Population in Norwegen in dieses Buch geschafft, weil er seit einigen Jahren immer häufiger in der Ostsee gefangen wird. Auch hier tritt er in Schwärmen auf, erreicht aber nicht so hohe Maximal- und Durchschnittsgewichte wie im Norden. Exemplare von 70 Zentimetern Länge sind aber durchaus an der Tagesordnung. Je nach Witterung und Drift reichen kleine Pilker von 40 oder 50 Gramm Gewicht in Grün, Blau, Silber oder Silber-Rot sowie schwere Blinker als Köder aus. Gummifische in verschiedenen Farben gelten ebenfalls als sehr fängig. Als Gerät eignet sich die Kombi, die wir auch für das Dorsch- und Plattfischangeln benutzen und als Technik das normale Pilken, das bereits weiter oben beschrieben wurde. Stehen die Schwärme über tieferem Wasser, kann man durchaus das schnelle Einkurbeln, wie es in Norwegen betrieben wird, testen.

4.8 Meerforelle

Die Meerforelle ist neben Lachs und Wittling der wohl schmackhafteste Fisch, den Sie in Nord- und Ostsee erwischen können. Ob er nun besser vom Ufer oder vom Boot befischt wird, ist ein Thema, über das man stundenlang diskutieren könnte. Da wir uns hier mit dem Bootsangeln beschäftigen, behandeln wir mit dem Freihandschleppen eine sehr einfache und effektive Methode, eine schöne Meerforelle zu erbeuten. Als Köder kann man beim Freihandschleppen eigentlich nur auf zwei Kunstköder setzen: Wobbler oder Blinker.

Blinker tauchen von allein nicht sehr tief, da sie ja entgegen den Wobblern keine Schaufel besitzen, die sie abtauchen lässt. Also lässt man reichlich Schnur aus, mindestens 30 Meter, damit die 20 bis 30 Gramm schweren Köder hinter dem Boot in zwei bis drei Metern Tiefe laufen. Die Rute halten Sie

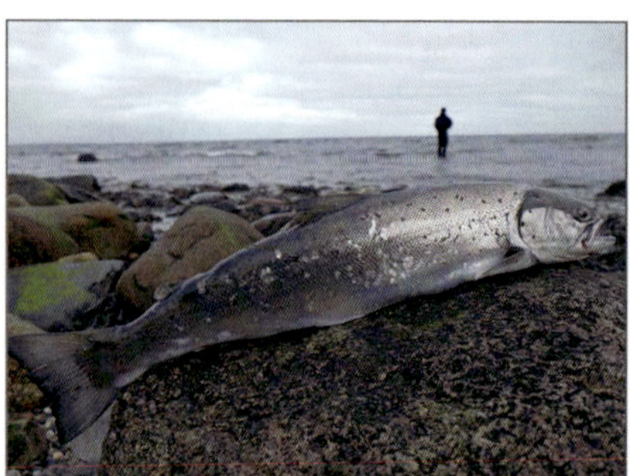

Meerforellen werden küstennah gefangen.

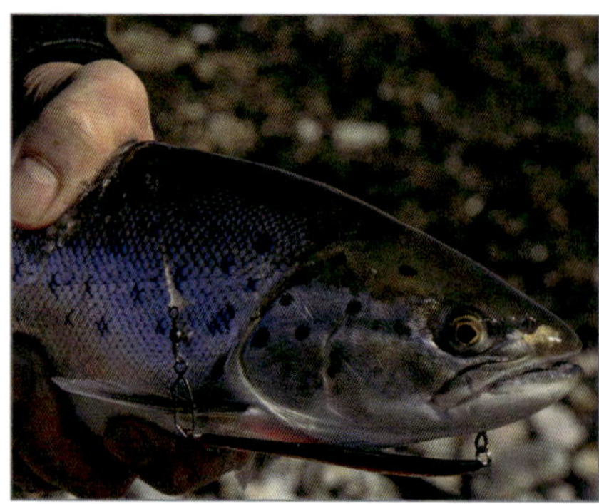

Blinker sind exzellente Meerforellen-Köder.

STECKBRIEF MEERFORELLE	
Wissenschaftlicher Name	Salmo trutta trutta
Maximale Länge	140 Zentimeter
Maximales Gewicht	50 Kilogramm
Laichzeit	Oktober bis Frühjahr
Nahrung	Insekten, Krebstiere, kleine Fische
Vorkommen	europäische Küstengewässer
Besondere Merkmale	schlank, x-förmige, schwarze Punkte
Beste Köder	Blinker
Beste Fangzeit	Mai bis Oktober
Beste Reviere	Steingrund, 3 bis 30 Meter Tiefe

entweder fest oder stecken sie in einen Rutenhalter. Mit zwei Knoten wird nun die Küste entlang getuckert, bevorzugt über einem Leopardengrund und Wassertiefen zwischen 4 und 15 Metern. Die gesamte Ostseeküste ist dafür geeignet. Meiden Sie nur komplett sandige Bereiche.

Wer hingegen einen Wobbler montiert, muss ein bisschen auf die Tauchtiefe seines Köders schauen. Ideal sind Modelle, die zwischen zwei und vier Meter tief tauchen - beeinflusst wird das vor allem durch die Länge und Stellung der Tauchschaufel. Je gerade sie nach vorn steht, desto tiefer wird der Wobbler tauchen. Auf der Verpackung steht meistens dieser Wert, den man sich beispielsweise mit einem wasserfesten Stift auf dem Wobbler selbst notieren kann. Auch der Wobbler sollte mindestens 30 Meter weit achteraus schwimmen.

Erfahrene Angler schleppen auf diese Weise bis zu vier Ruten; Anfänger sollten sich zunächst auf maximal zwei Ruten beschränken. Bei einem Biss sollte man stoppen, die andere Rute einholen oder einholen lassen und den Fisch in Ruhe drillen. Meerforellen sind recht starke Kämpfer, die gern kreuz und quer schwimmen. Geschleppt wird an der Ostseeküste in Tiefen von 4 bis 15 Metern, vor allem Unebenheiten auf Leopardengrund sind interessant.

4.9 Lachs

Der König der Ostsee ist nicht einfach zu befischen und erfordert bestes Material sowie reichlich Erfahrung. Der Lachs ist hier dennoch mit aufgeführt, da es ja durchaus vorkommen kann, dass Ihnen vor Rügen - dort halten sich diese Fische bevorzugt auf - ein Exemplar an den Haken geht. Man kann das

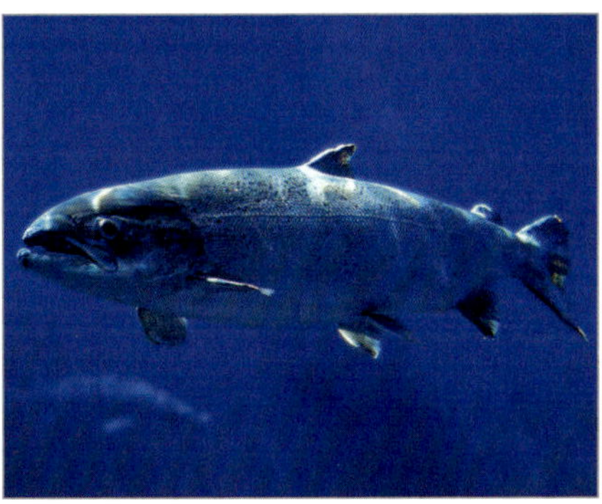

Lachse werden beim Schleppfischen erwischt.

STECKBRIEF LACHS	
Wissenschaftlicher Name	Salmo salar
Maximale Länge	150 Zentimeter
Maximales Gewicht	40 Kilogramm
Laichzeit	Oktober bis Januar
Nahrung	kleine Fische, Garnelen
Vorkommen	Nordatlantik, Nord- und Ostsee
Besondere Merkmale	torpedoförmiger Körper, eingeschnittene Schwanzflosse
Beste Köder	Blinker
Beste Fangzeit	April bis Juni
Beste Reviere	offenes Meer, Mündungsgebiete von Flüssen

Lachsangeln nicht mit dem Dorsch- oder Meerforellen-Angeln vergleichen oder sogar verbinden, da unterschiedliche Techniken angewandt werden müssen. Auch die Reviere unterscheiden sich. Auf Dorsch oder Meerforelle werden hauptsächlich Rinnen, Riffe, Kanten oder andere markante Stellen angesteuert. Lachse hingegen sollte man auf offener See bis zu einer Tiefe von 30 Metern befischen. Die stattlichen Fische, die in der Ostsee bis zu 25 Kilogramm wiegen können, sind vor allem im Winter mittags aktiv sowie im Frühjahr vor dem Morgengrauen.

Da wir uns bei diesem Buch eher auf Einsteiger-Niveau befinden, lassen wir zusätzliches Equipment wie Downrigger einmal außen vor. Sollten Sie es gezielt auf Lachs probieren wollen, kaufen Sie tieflaufende Wobbler und schleppen diese bei geringer Fahrt (vielleicht zwei Knoten) über offenem Wasser (mindestens 20 Meter Tiefe) hinter dem Boot her. Silber, Blau und Grün sind bewährte Farben. Zu günstige Ruten, Rollen und Schnüre sollten nicht zum Einsatz kommen, denn diese bringt ein ausgewachsener Lachs extrem schnell an und über ihre Belastungsgrenzen.

Achtung: Es gibt eine Entnahmebeschränkung von einem Lachs pro Angler und Tag in der Ostsee. Aber auch den müssen Sie erst einmal erwischen ...

4.10 Aal

Wie die Aalmutter (s. u.), wird auch der Aal nicht allzu häufig vom Boot erwischt. Er hält sich gern in Häfen, an Steinpackungen und in Flussmündungen auf. Wo es erlaubt ist, kann man am Anleger einfach eine Rute achteraus legen, eine Aalglocke – also eine Klingel mit Clip – an der Rutenspitze befestigen und sich mit einem Getränk daneben setzen. Insbesondere in den Sommermonaten sollten sich so einige Exemplare »im Vorbeigehen« erwischen lassen. Allerdings ist der gefährdete Aal ob seines schlangenartigen Aussehens nicht jedermanns Sache; auch mit dem Schleim auf seiner Haut muss man umgehen können. Wer nicht empfindlich ist, fängt mit Aal jedoch eine Delikatesse, die sowohl gebraten als auch geräuchert hervorragend schmeckt.

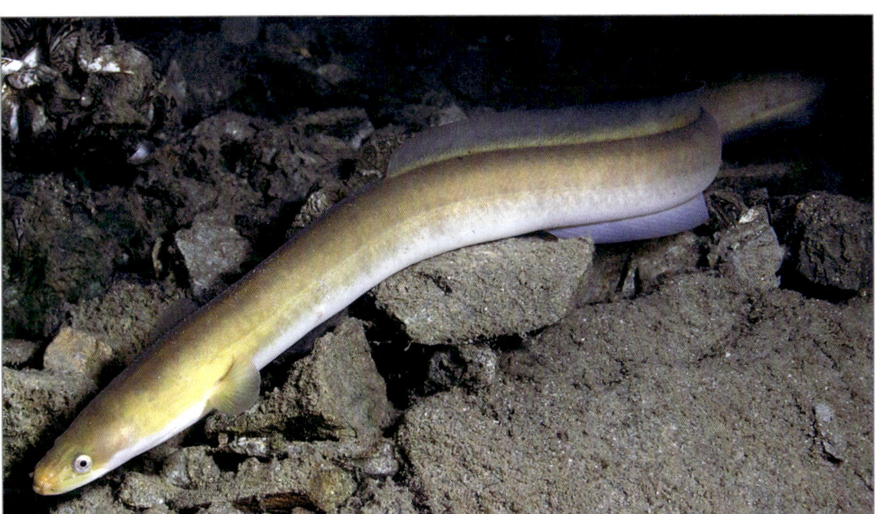

Aale gehen in Häfen an den Haken.

Sollten Sie dagegen einmal vor der britischen Küste unterwegs sein, können Sie dort den Meeraal beziehungsweise Conger befischen. Diese Fische hausen zwischen Steinen oder Wracks und sind an der Angel starke Kämpfer. Mit großen Fischfetzen oder halben Makrelen lockt man die bis zu drei Meter langen Conger an den Haken der unbedingt stabilen Bootsrute. Wer dieses Angelabenteuer einmal erleben möchte, nimmt als Anfänger am besten einen erfahrenen Petrijünger mit an Bord.

4.11 Aalmutter

In der Nähe von Häfen lebt auf Sand- und Schlickgrund die Aalmutter – ein in Brauntönen gemusterter und nicht unbedingt schöner Meeresbewohner, der allerdings sehr schmackhaft ist. Beim Bootsangeln weiter draußen erwischt man die Aalmutter nicht allzu häufig,

STECKBRIEF AAL	
Wissenschaftlicher Name	Anquilla anquilla
Maximale Länge	150 Zentimeter
Maximales Gewicht	6 Kilogramm
Laichzeit	ab Oktober
Nahrung	Krebse, Schnecken, Würmer
Vorkommen	Nord- und Ostsee
Besondere Merkmale	schlangenartige Form, braun-grüne Färbung
Beste Köder	Würmer, Fischfetzen
Beste Fangzeit	Mai bis September
Beste Reviere	ufernah, Häfen

STECKBRIEF AALMUTTER	
Wissenschaftlicher Name	Zoarces viviparus
Maximale Länge	50 Zentimeter
Maximales Gewicht	rund 1 Kilogramm
Laichzeit	Oktober bis Januar
Nahrung	Weichtiere, Muscheln und Schnecken
Vorkommen	Nordatlantik, Nord- und Ostsee
Besondere Merkmale	mit Musterung, vom Körperbau kompakter als ein Aal
Beste Köder	Würmer
Beste Fangzeit	ganzjährig
Beste Reviere	Stein- und Mischgrund, maximal 10 Meter Tiefe

da sie sich gern versteckt und eher flache Reviere bevorzugt. Kurz vor Häfen und Marinas oder in Buchten bestehen dagegen gute Fangmöglichkeiten. Dabei funktionieren einfache Paternoster-Systeme, die keine großen Haken besitzen, gut. Stücke von Watt- oder Seeringelwürmern reichen als Köder aus.

Ein dankbarer Zielfisch ist die Aalmutter indes, wenn das Wetter der Ausfahrt einen Strich durch die Rechnung macht. Von der Mole aus wirft man die Montage, also den Paternoster, 10 bis 20 Meter aus und schlägt an, wenn sich die Rutenspitze wippend bewegt. Dazu gehört ein wenig Übung, weil natürlich auch der Wind die Spitze bewegt. Wer zwei Ruten zur Verfügung hat, wirft versetzt aus, um eine möglichst große Fläche abzudecken. Als

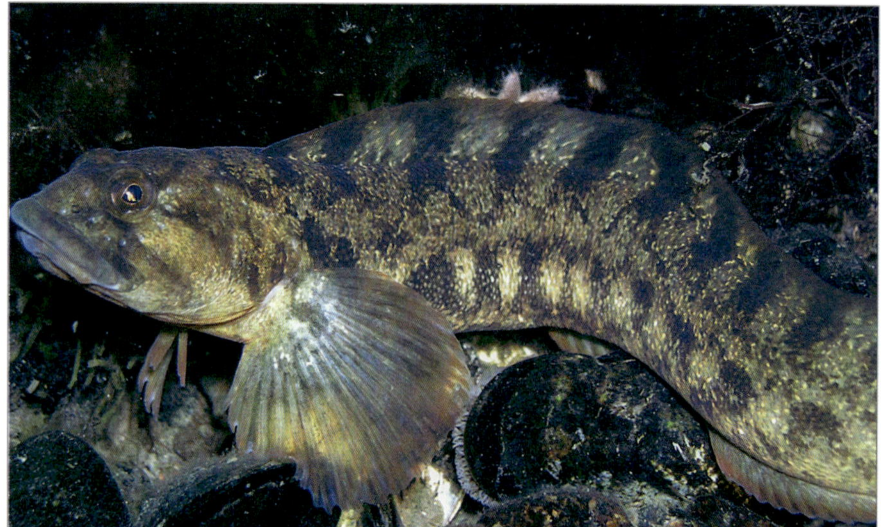

Die Aalmutter beißt häufig in Ufernähe und ist durchaus schmackhaft.

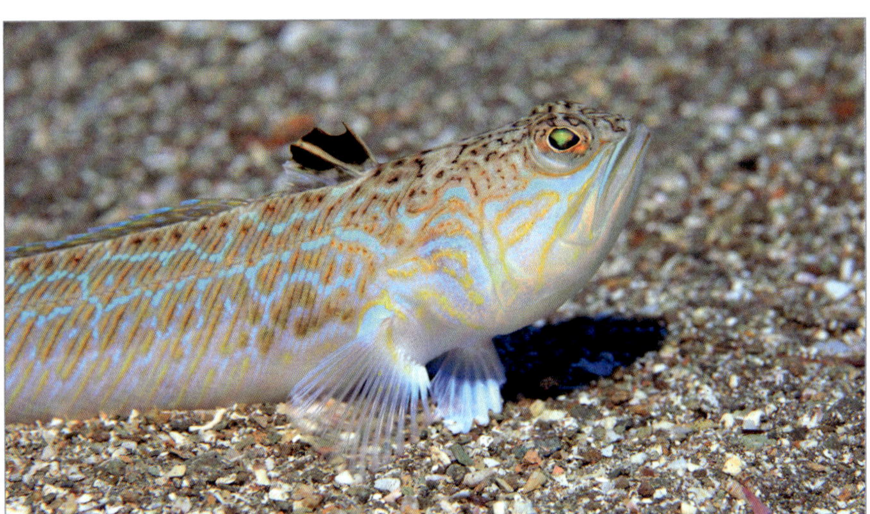
Beim Petermännchen ist äußerste Vorsicht geboten.

Tageszeit sind die Dämmerung und der Abend ideal. Zur Beute der Molenangler gehören dabei selbstverständlich etwa auch Plattfische, Dorsche und Aale.

4.12 Petermännchen

Dieser eher kleine Zeitgenosse ist mit besonderer Vorsicht zu genießen. Das maximal 45 und meist etwa 30 Zentimeter lange Petermännchen gilt als eines der giftigsten Tiere unserer Breitengrade. In seinen Stacheln, die in der Rückenflosse und auf den Kiemendeckeln sitzen, steckt ein Gift, das starken Schmerz und sehr unangenehme Schwellungen verursacht. Kaum ein Angler fischt gezielt auf Petermännchen, doch insbesondere beim Plattfischangeln auf sandigem Grund gehen

STECKBRIEF PETERMÄNNCHEN	
Wissenschaftlicher Name	Trachinus draco
Maximale Länge	45 Zentimeter
Maximales Gewicht	2,5 Kilogramm
Laichzeit	Sommer
Nahrung	kleine Fische, Garnelen
Vorkommen	Atlantik, Mittelmeer, Nord- und Ostsee
Besondere Merkmale	Augen nach oben gerichtet, Färbung in Braun, Grün und Blau, Giftstacheln
Beste Köder	Würmer, Fischfetzen
Beste Fangzeit	ganzjährig
Beste Reviere	Sand- und Schlammgrund, 10 bis 20 Meter Tiefe

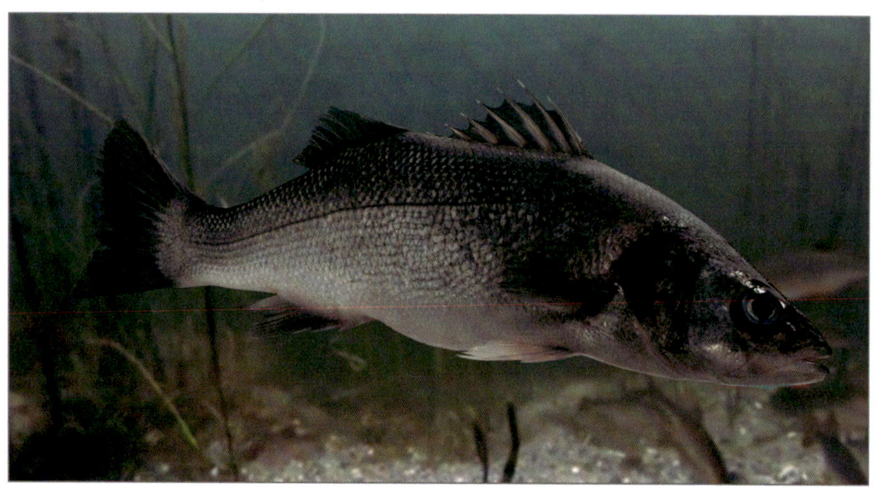

Der Wolfsbarsch wird häufig an der dänischen Westküste gefangen.

die kleinen Giftzwerge als Beifang an den Haken. Wer mit ihnen keinesfalls in Berührung kommen möchte, hievt ihn an Bord in eine Kiste, versorgt ihn und entfernt erst zu einem späteren Zeitpunkt den Haken.

Wer gestochen wurde, entfernt den Stachel, nimmt Kurs auf den Hafen und sucht am besten einen Arzt auf. Die Praxen an der Küste sind durchaus erfahren mit solchen Vorfällen; dort ist man meist exzellent aufgehoben.

4.13 Wolfsbarsch

Der Wolfsbarsch gehört zu den barschartigen Fischen. Man kann ihn gut an den silberfarbenen Schuppen und der gefleckten Rückenflosse sowie dem schwarzen Fleck auf den Kiemendeckeln erkennen.

STECKBRIEF WOLFSBARSCH	
Wissenschaftlicher Name	Dicentrarchus labrax
Maximale Länge	100 Zentimeter
Maximales Gewicht	12 Kilogramm
Laichzeit	Sommer (Nordatlantik) bzw. Januar bis März
Nahrung	kleine Fische
Vorkommen	Atlantik, Mittelmeer, Nord- und Ostsee
Besondere Merkmale	silbrige Flanken, blaugrauer Rücken, oberständiges Maul, schwarzer Fleck auf Kiemendeckel, stachelige Rückenflosse
Beste Köder	Blinker
Beste Fangzeit	Juni bis September
Beste Reviere	Felsiger Grund, Molen, 10 bis 100 Meter Tiefe

An der Angelrute ist er ein guter Kämpfer und steht etwa der Meerforelle im Drill nicht nach. Er kann rund um die Uhr gefangen werden, aber man sagt in der Regel: »Läuft das Wasser auf, beißt der Wolfsbarsch.« Die Raubfische sind vor allem im Sommer an der Nordseeküste und dabei verstärkt an der dänischen Westküste sowie nördlich von Frederikshavn und an einigen Stellen an der Ostküste aktiv.

Oft werden Wolfsbarsche als Beifang beim Makrelenfischen gefangen, aber wenn Sie gezielter vorgehen möchten, sollten Sie Blinker in der Größe von 15 bis 40 Gramm oder spezielle Küstenwobbler verwenden. Die Farbe Silber hat sich als besonders gut erwiesen, aber man kann auch mit anderen Farben sehr erfolgreich sein. Generell gilt aber, dass die Kunstöder die Beutefische imitieren sollten, hinter denen die Wolfsbarsche her sind - also meistens Heringe oder Brutfische.

4.14 Süßwasserfische im Meer

Es soll hier nicht unerwähnt bleiben, dass man in manchen Regionen, insbesondere rund um Rügen und in den Boddengewässern, auch Süßwasserarten im Meer fangen kann. Vor allem Hecht, Zander und Barsch fühlen sich im Brackwasser - also dort, wo sich Süß- und Salzwasser mischen - wohl. Mit Wobblern und Blinkern kann man hier sein Glück versuchen und wird sicher den einen oder anderen Fisch fangen.

5 Welche Technik fängt wo und wen?

Auch beim Angeln kommt es – wie eigentlich bei jedem Hobby oder Sport – auf die richtige Technik zur rechten Zeit an. Nachfolgend sollen vier davon näher vorgestellt werden; mehr Kenntnisse benötigen Einsteiger eigentlich nicht. Spezifische Tipps zu den einzelnen Fischarten finden Sie zudem im separaten Kapitel darüber.

5.1 Pilken

Beim Pilken handelt es sich um die wohl über die Jahrzehnte gesehen gängigste Angelmethode an Nord- und Ostsee sowie der gesamten norwegischen Küste. Der Pilker, dem diese Methode ihren Namen gab, ist schon hinlänglich im Köder-Kapitel beschrieben worden. Eine kurze Erinnerung trotzdem: Pilker sind im Großen und Ganzen in Fischform gegossenes Blei oder eine Legierung daraus. Die Form des Pilkers spielt dabei eine wichtige Rolle, auch wenn es auf den ersten Blick nicht so ersichtlich ist. Soll der Pilker beispielsweise bei starker Drift schnell auf Tiefe kommen, wählt man ein kompaktes Modell mit eindeutigem Schwerpunkt. Er rauscht schnell nach unten und erreicht die Fische hoffentlich noch, bevor das Boot allzu weit abgetrieben ist. Flachere Formen entfalten im Wasser dagegen ein reizvolleres Spiel und verleiten die Fische eher zum Anbiss. Es entscheiden also vor allem die äußeren Gegebenheiten, welchen Pilker man ans Ende der Schnur hängt. Welche Farbe fängt, hängt unter anderem von der Angeltiefe ab, vom Lichteinfall, von der Trübung des Wassers und davon, was bei Dorsch, Wittling und Köhler gerade so auf dem Speiseplan steht. Von den gängigen drei Farben – Silber-Orange, Rot-Grün und Blau-Silber – gehören drei unterschiedliche Gewichte in den Gerätekasten: 50, 75 und 100 Gramm, und zwar am besten in dreifacher Ausfertigung.

Nehmen wir nun einmal an, wir erreichen das auf der Seekarte recherchierte und im Plotter abgespeicherte Ziel, und das Echolot zeigt tatsächlich Fische an. Dann schalten wir den Motor aus und fangen an zu treiben. Je nach Richtung stehen oder sitzen wir nun in der Andrift oder Abdrift. Bei der Andrift treiben wir mit dem Boot in Richtung Schnur, bei der Abdrift treiben wir davon weg. Je nach Strömung und Wind ist diese Drift mal mehr, mal weniger stark. Zu starke Drift macht schwerere Köder oder dünnere Schnüre nötig. Wir müssen zwei verschiedene Pilktechniken kennen, weil sie sich je nach Seite unterscheiden.

Beginnen wir einmal mit der leichteren Seite, das ist die Abdrift. Da wir vom Köder wegtreiben, lassen wir ihn einfach an der Bordwand ins Wasser plumpsen und möglichst zügig in Richtung Grund rauschen. Weil der Pilker recht schnell zum Fisch soll, ist es sinnvoll, ein kompaktes Modell mit eindeutigem Schwerpunkt zu wählen. Sobald der Pilker am Grund angekommen ist – wir merken das in der Rute oder am kurzzeitigen Abstoppen der Schnur – wird per Kurbelumdrehung Kontakt zu ihm aufgenommen. Falls Sie wissen, dass der Grund sehr unrein ist und der Pilker leicht hängen bleiben könnte, kurbeln Sie noch etwa 50 bis 100 Zentimeter Schnur ein und grenzen das Risiko etwas ein - fangen werden Sie so auch noch. Unmittelbar nach dem Grundkontakt heben und senken wir die Rute etwas, wir zupfen den Pilker quasi, sodass es unter Wasser so aussieht, als würde ein kranker oder verletzter Fisch durchs Meer taumeln, der eine vermeintlich leichte Beute darstellt. Da wir fortwährend vom Pilker wegtreiben, würde dieser immer höher auftreiben, wenn wir keine Schnur nachgeben. Und da unser Zielfisch - Dorsch, Köhler, Wittling - oft am Grund steht, müssen wir zusehen, dass der Köder dortbleibt. Soll bedeuten: Wenn Sie das Aufschlagen des Pilkers am Grund nicht mehr spüren, klappen Sie bei der Stationärrolle den Bügel um und geben etwas Schnur frei, bei der Multirolle betätigt man die Freilauftaste oder hebt einfach den Daumen. In der Abdrift ist es tendenziell etwas komfortabler, mit der Multirolle zu fischen, aber sie bedeutet auch eine zusätzliche Investition, die man auch dann tätigen kann, wenn man sich sicher ist, dass man tatsächlich öfter zum Angeln in See stechen wird.

Einen Biss merken Sie meist deutlich. Es wird rucken, und Sie werden sich vielleicht etwas erschrecken. Wichtig ist, jetzt einen Anschlag zu setzen, also die Rute recht ruckartig nach oben zu reißen. Dadurch wird der Fisch zuverlässig gehakt.

Im Drill muss die Schnur nun ständig auf Spannung bleiben. Mit etwas Erfahrung merken Sie bald, wie groß der Flossenträger ist, der dort unten mit Ihnen kämpft. Recht kleine Exemplare können Sie einfach so nach oben kurbeln. Merken Sie indes, dass das zu schwer wird, müssen Sie den Fisch nach oben »pumpen«. Das läuft folgendermaßen ab: Sie heben die Rute gefühlvoll, aber stetig nach oben und kurbeln beim Absenken schnell die gewonnene Schnur ein. So stellen Sie sicher, dass das Gerät keinen Schaden nimmt und der Fisch sicher an der Wasseroberfläche erscheint. Ist es kein zu großer Brocken, kann er an der Schnur ins Boot gehoben werden, ansonsten setzen Sie den Kescher ein.

Sobald Sie beim Pilken in der Abdrift keinen Grundkontakt bekommen, kurbeln Sie die Schnur komplett ein und beginnen von Neuem, sofern das Echolot noch Fische anzeigt. Ansonsten verholen Sie das Boot ein Stück und starten dann erst wieder durch.

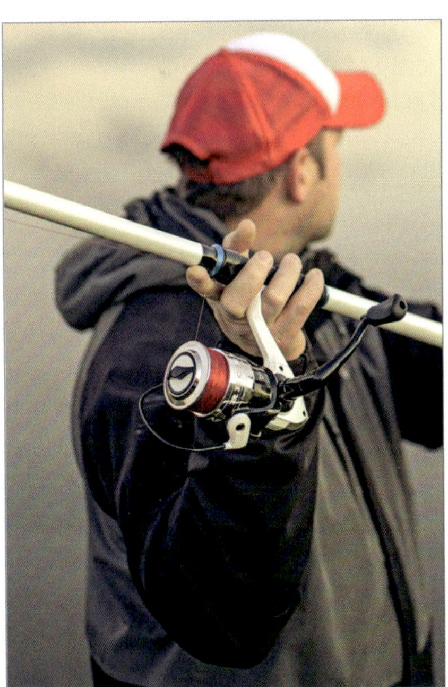

Der Zeigefinger fixiert die Schnur vor dem Wurf.

In der Andrift gehen wir dagegen ganz anders vor. Da wir auf den Köder zutreiben, müssen wir uns Zeit verschaffen, bis wir über den Köder getrieben sind. Das bedeutet, wir müssen auswerfen. Wer so etwas noch nie gemacht hat, sollte nicht auf einem Boot im Wellengang damit beginnen, sondern auf einer Wiese oder einem (leeren) Fußballplatz.

Dabei geht man am besten wie folgt vor: Man lässt den Köder ein Stück ab. Generell sagt man, etwa die halbe Rutenlänge – auf einem Boot jedoch ist mitunter wenig Platz, deshalb reichen 50 bis 100 Zentimeter. Probieren Sie dies am besten aus, und adaptieren dies auch auf die Situation an Bord. Hängt der Köder – beim Üben am besten ohne Haken – in Position, wird der Schnurfangbügel geöffnet. Kurz zuvor fixieren Sie mit dem Zeigefinger der Wurfhand die Schnur auf der Rute. Jetzt führen oder schwingen Sie die Rute über den Kopf nach hinten. Dabei gehen Sie ganz sachte vor, da wir mit unserer Wurfweite ja keinen Wettbewerb gewinnen möchten. Sind Rute, Schnur und der Köder in Position, führen Sie die Rute mit etwas Tempo nach vorn und geben die Schnur frei, wenn sich die Rute in der 1-Uhr-Position befindet. Beim Auswurf müssen Rute, Schnurstärke und Ködergewicht übrigens miteinander harmonieren. Mit einer sehr starken Bootsrute werden Sie einen Zehn-Gramm-Blinker keine zehn Meter weit werfen, und mit einer leichten Barschrute können Sie keinen 100-Gramm-Pilker auswerfen – die Rute wird sehr wahrscheinlich brechen.

Mit dem empfohlenen Gerät sollte alles gut gehen, und wenn Sie mit der Zeit 30 bis 40 Meter weit werfen können, befinden Sie sich auf einem sehr guten Weg.

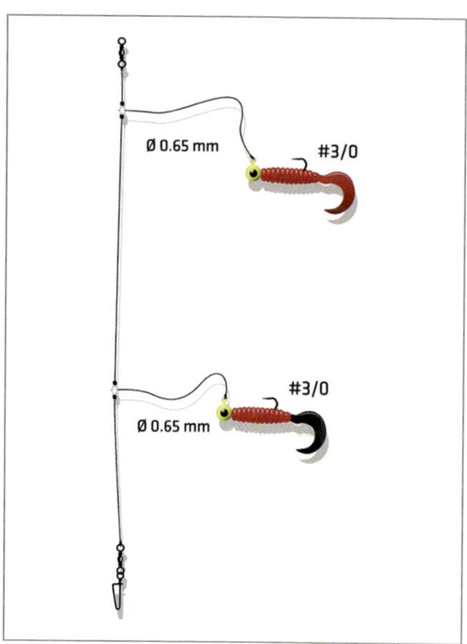

Typischer Aufbau eines Twister-Vorfachs.

Ist der Auswurf geglückt und war mehr oder minder weit, muss der Pilker auf den Grund absinken. Dass er angekommen ist, merken Sie daran, dass keine Schnur mehr abläuft. Sie können den Bügel auch früher zuklappen und den Pilker dann an gestreckter Schnur absinken lassen. Mitunter ergibt das Sinn, da viele Fische beim Absinken des Köders beißen. Auf jeden Fall wird in der Andrift auch wieder gepilkt. Die Rute wird ruckartig nach hinten geführt; entweder in einer langen oder auch in zwei oder drei kurzen, schnellen Bewegungen. Am Ende der Schnur steigt der Pilker vom Grund auf und taumelt beim Absinken wieder zurück. Wir müssen dabei etwas Schnur einholen, weil das Boot ja treibt, und gleichzeitig feinfühlig sein. Es lohnt sich auch, mit der Führungsweise des Pilkers etwas zu experimentieren. Manchmal mögen es die Fische, wenn der Pilker in großen Sprüngen durchs Wasser hüpft, manchmal sind zaghafte Zupfer erfolgreicher. Auf einem großen Schiff beziehungsweise auf einem klassischen Angelkutter muss man in der Andrift den Köder einholen, wenn die Schnur senkrecht am Rumpf ankommt, da man sich sonst mit den Anglern, die in der Abdrift fischen, verhaken könnte, und das wäre ein ganz schöner Schlamassel. Auf einem kleinen Boot hingegen, lassen wir den Köder an Bug oder Heck vorbeiziehen und fischen in der Abdrift einfach weiter. Vorausgesetzt natürlich, dass nicht zu viele Angler an Bord sind.

Da sich die Dorsche, Wittlinge oder Köhler oft in Grundnähe aufhalten, gilt es, den Pilker schwer genug zu wählen. Hier gilt die Anglerweisheit: »Je rauer die See, umso schwerer der Pilker.« Auf der Ostsee sind allerdings 100 Gramm oft das höchste der Gefühle, meistens reichen 50 bis 75 Gramm, insbesondere dann, wenn Sie eher ein Schönwetter-Angler sind.
Pilker werden – wie bereits erwähnt – gern in Verbindung mit sogenannten Beifängern gefischt. Mit Twistern, Kunstfliegen oder Gummi-Oktopussen bieten sie den Fischen einen zusätzlichen Anreiz, der nur zusammen mit einem Pilker auf Tiefe gehen kann. Übertreiben sollten Sie mit den Beifängern aber nicht. Maximal zwei Beifänger pro Montage genügen. Sie bremsen beim Absinken und können außerdem das Spiel des Pilkers beeinflussen.

Eine Sondersituation ist das Pilken an Wracks. Hier fühlen sich kapitale Dorsche besonders wohl. Wer in einer solchen Situation auf Nummer sicher gehen will, hängt ein kräftiges Pilkvorfach ein, befreit seinen Pilker vom Drilling und fischt nur noch mit einem oder zwei Beifängern. Über Wracks ist die Hängergefahr nämlich oftmals immens. Ein Nachteil, nur mit Beifängern zu agieren, ist es nicht. Viele Angler schwören darauf, den Drilling generell zu demontieren und nur mit den Beifängern zu fischen. An einem Wrack müssen Sie jedenfalls auf Zack sein. Hier wird der Köder abgelassen, dann wird schnell etwas Schnur eingeholt und nach wenigen Pilkbewegungen rumst es dann schon in der Rute. Machen Sie sich an Wracks auf generell größere Fische gefasst.

5.2 Mit dem Gummifisch

Viele Angler setzen auf der Ostsee verstärkt auf den Gummifisch statt auf den Pilker. Diese wabbeligen Kunstöder, die an einem Bleikopf mit eingegossenem Haken gefischt werden, sind an vielen Tagen dem Pilker in puncto Fangerfolg mindestens ebenbürtig. Wenn die Fische nicht wie wild beißen, hat man mit dem Gummifisch oftmals sogar

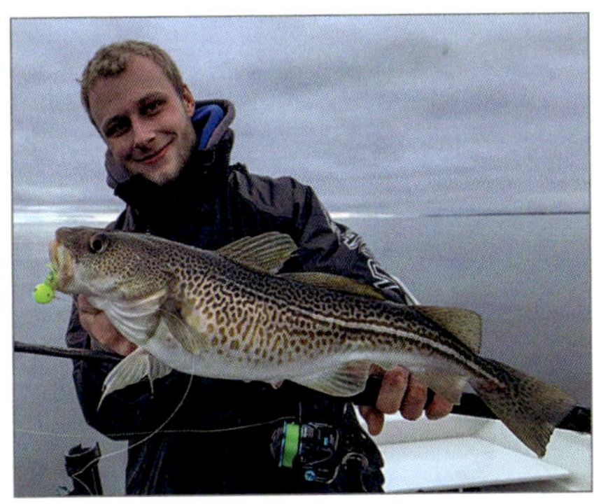

Schöner Ostsee-Dorsch.

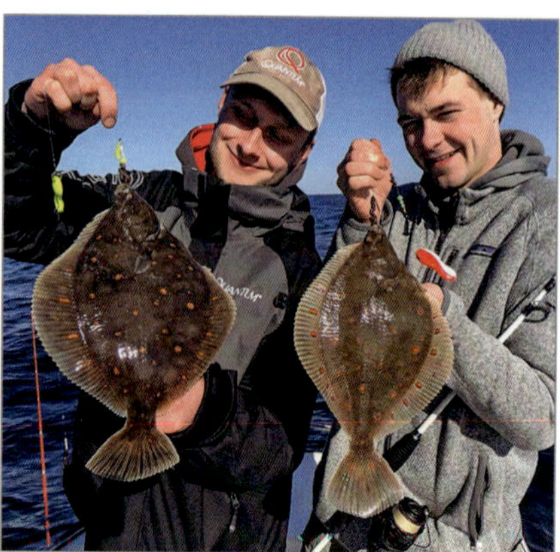

Zwei tolle Schollen aus der Ostsee.

mehr Erfolg. Er macht nämlich kleine Sprünge und ruhige Bewegungen – zumindest sollten Sie ihn so führen. Auf keinen Fall sollte der Gummifisch wie ein Pilker mit mehr oder weniger heftigen Bewegungen in Szene gesetzt werden. Es reicht meistens, ihn einfach zum Grund zu lassen, wieder etwas Schnur einzukurbeln und dann im Wasser zu halten. Das funktioniert am besten bei ruhigem Wetter in der Andrift und ist ein sehr gemütliches Angeln.

Ein wichtiger Aspekt ist wie beim Pilken das passende Kopfgewicht. Wählen Sie den Kopf so schwer, dass der Köder am Grund bleibt beziehungsweise kurz darüber arbeitet. Zudem dürfen die Köpfe einen nicht allzu großen Haken besitzen. Darauf werden Gummifische zwischen 8 und 14 Zentimeter Länge geschoben. Das hängt zum einen von der Drift und dem damit verbundenen Kopfgewicht, zum anderem vom Beißverhalten der Fische ab. In Sachen Ködergröße zahlt es sich deshalb aus, ein bisschen zu experimentieren. Stehen bei Dorsch & Co übersichtliche Nahrung wie etwa Krebse oder Garnelen auf dem Speiseplan, funktionieren eher kleine Gummifische; sind viele Heringe als Futterfisch unterwegs, darf es auch gern mal ein Gummifisch sein. Wer indes nicht groß wechseln möchte, der montiert zehn bis zwölf Zentimeter lange »Gummis«, die eigentlich immer richtig sind.

Neben dem Gewicht und der Größe des Gummifisches ist auch seine Farbe entscheidend. Beim Pilker und Twister wissen wir schon, welche Farben meistens fängig sind; beim Gummifisch ist das kaum anders. Auch hier ist das bekannte knallige Rot, das viele Twister zeigen, oft eine gute Wahl. Die Kombinationen Silber-Blau und Blau-Weiß sind ebenfalls angesagt; Braun-Glitter und Gelb-Rot bringen ebenfalls viele Bisse, wenn die Bedingungen stimmen. Wie schon bei der Twister-Beschreibung erwähnt, können an manchen Tagen auch schwarze oder schwarz-rote Gummifische erfolgreich sein. Sind Sie zu zweit oder dritt an Bord, testet zu Beginn des Angeltages am besten jeder eine andere Farbe aus. Man muss – das ist beim Angeln auch wichtig – natürlich an den Köder glauben, den man gerade montiert hat.

Die Bisse kommen beim Angeln mit Gummifischen eher vorsichtig. Meistens beißen die Fische mit einem vorsichtigen Ruck; es kann auch ein etwas stärkeres Zittern sein. Mit dem Anhieb müssen Sie, anders als beim Pilken, etwas sensibler sein. Erst, wenn der Fisch die Rutenspitze etwas biegt, reißen Sie sie in die entgegengesetzte Richtung und beginnen, hoffentlich, mit dem Drill. Gehen in dieser Situation immer wieder Fische verloren, kann man den Gummifisch etwas aggressiver führen,

sodass die Bisse vielleicht etwas härter kommen.
Selbstverständlich können Sie den Gummifisch auch auswerfen. Gerade bei sehr ruhiger Witterung und wenig Drift kann das ein Erfolgsrezept sein. Gehen Sie dabei wie beim Pilken in der Abdrift vor. Werfen Sie den Gummifisch aus, und zupfen ihn dann in kleinen Rucken in Grundnähe ans Boot heran. Sinkt der Gummifisch ab, seien Sie besonders achtsam – hier erfolgen die meisten Bisse.

5.3 Freihandschleppen

Eine exzellente Alternative zu allen anderen Angelmethoden vom Boot aus ist das sogenannte Freihandschleppen. Das bedeutet, dass Sie mit einer Geschwindigkeit von zwei bis maximal drei Knoten Wobbler oder Blinker hinter dem Boot herziehen und dabei auf den Transfer zu einem anderen Hafen oder einem anderen Revier auf Fangfahrt gehen. Die Ruten werden dabei entweder in der Hand gehalten, besser aber noch in einem Rutenhalter platziert, die es in den verschiedensten Ausführungen im Fachhandel gibt.
Zum Freihandschleppen benutzen Sie selbstredend Ihre Allround-Ausrüstung; als Köder kommen Wobbler oder Blinker zum Einsatz. Sie werden 30 bis 50 Meter achteraus gelassen und wecken das Interesse von Dorsch, Wittling, Köhler, Meerforelle, Hornhecht oder Lachs. Flachlaufende Blinker werden eher Meerforelle und Lachs verführen, tieftauchende Wobbler sind für Dorsch und Köhler prädestiniert. Lockern Sie die Rollenbremse beim Schleppfischen etwas, sodass ein großer Fisch etwas Schnur abziehen kann.
Eine oft gestellte Frage beim Freihandschleppen ist, wie hoch die Geschwindigkeit sein darf, mit der das Boot fährt. Die Geschwindigkeit ist dabei nicht nur für den Zielfisch wichtig, sondern auch für die Köderführung. Haben Sie einen Wobbler montiert, entscheidet zum ei-

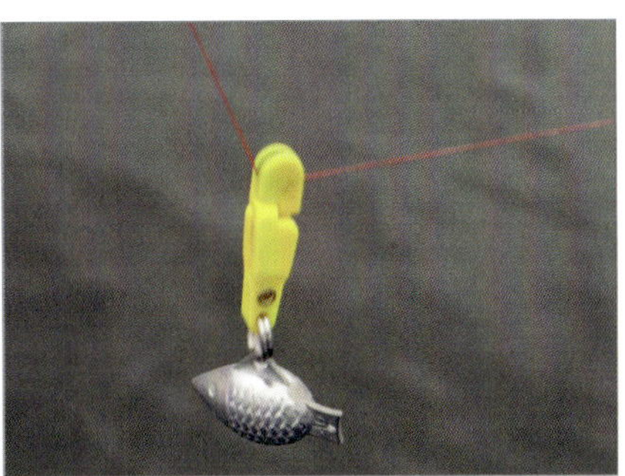
Blei und Clip bringen Blinker auf Tiefe.

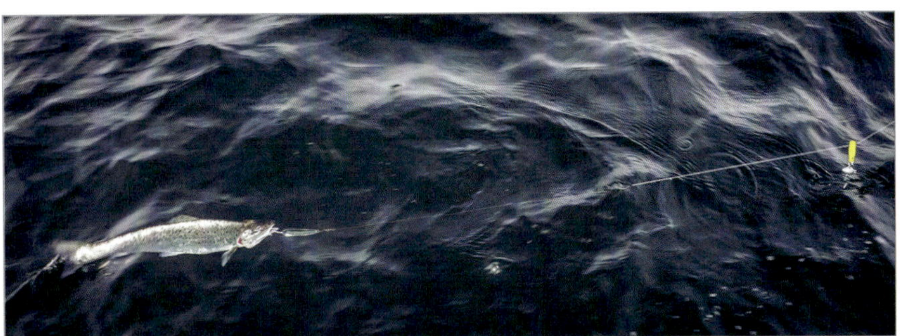
Eine Meerforelle hat beim Freihandschleppen gebissen.

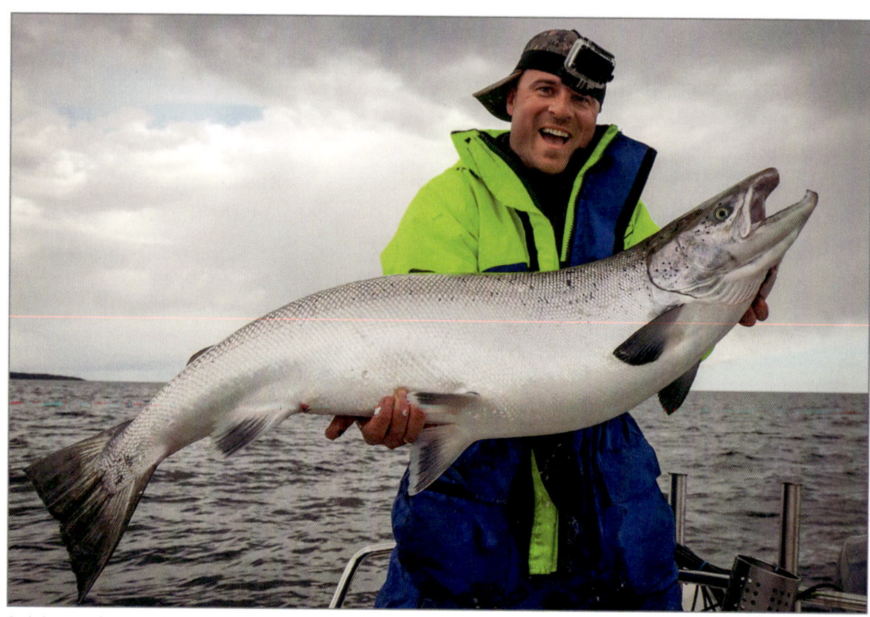

Solche großen Lachse lassen sich vor Rügen fangen.

nen seine Tauchschaufel, zum anderen die Geschwindigkeit des Einholens darüber, wie tief der Köder taucht. Je schneller Sie fahren, desto tiefer wird der Wobbler tauchen. Ob er dann noch für Fische einen attraktiven Happen darstellt, steht auf einem anderen Blatt. Ein Blinker wird hingegen umso tiefer laufen, je langsamer Sie fahren.

Dabei gibt es keine Zauberformel, hier müssen Sie ein bisschen probieren. Eine Geschwindigkeit von zwei bis drei Knoten ist jedoch ein guter Richtwert. Nicht zu weit vom Ufer entfernt und an der Zehn-Meter-Tiefenlinie entlangfahrend – natürlich nicht mit Wobblern, die 15 Meter tief tauchen können – sollte eigentlich einige Fische an den Haken locken. Wenn die Geschwindigkeit nicht ausreichend ist, zeigt sich das sehr schnell an der Rutenspitze. Sie steht nicht mehr unter Zug und vibriert nicht mehr im Rhythmus. Haben Sie dagegen etwas Kraut am Grund gehakt, wird die Rutenspitze Ihnen das auch anzeigen. Es lohnt sich also, diese ständig im Blick zu haben. Beißt ein Fisch, nehmen Sie Tempo weg und drillen den Fisch ans Boot. Der Mitfahrer sollte dabei schauen, dass die anderen Schnüre nicht im Weg sind und die anderen Köder zur Not einholen.

Für diese Art der Angelei sind Rutenhalter äußerst praktisch. Sie befreien nicht nur die Hände, sondern versetzen einen auch in die Lage, dass man mit mehreren Ruten gleichzeitig fischen kann. Ob Sie diese fest am Boot montieren oder sich ein Modell mit Klemme zulegen, ist auch eine stilistische Entscheidung. Schrauben Sie die Rutenhalter fest ans Boot, sind diese halt ständig präsent; mobile Halterungen werden dagegen nur dann montiert, wenn das Freihandschleppen auf dem Programm steht. Achten Sie in jedem Fall auf eine stabile Bauweise und hohe Qualität. Günstige Angebote sind oftmals keine Schnäppchen.

Das Schleppangeln kann man noch weiter ausbauen, doch dies sind eher Techniken für Fortgeschrittene: Sogenannte Downrigger bringen leichte Blinker an schweren Bleikugeln auf Tiefe, um große Lachse zu fangen, und Scherbretter bringen Köder seitlich des Bootes aus, um eine möglichst weite Fläche zu befischen. Hierfür bietet sich jedoch weiterführende Literatur an.

5.4 Naturköderangeln

Das Naturköderangeln vom eigenen Boot ist eine gemütliche und vor allem ziemlich Erfolg versprechende Angelegenheit, weil sich die Plattfischbestände in unseren Breitengraden gut entwickelt haben. Zielfische sind also Scholle, Flunder, Kliesche und Steinbutt, als Beifang gehen Dorsch sowie Wittling und mitunter auch ein Petermännchen (Achtung!) an den Haken.

Was wir dazu benötigen ist in puncto Ausrüstung unser übliches Gerät, das wir für alle Angelarten einsetzen. Spezielle Plattfisch-Vorfächer aus dem Fachhandel bilden den Kern des Ganzen am Grund. Ein Plattfischvorfach besitzt oft einen Ausleger, ähnlich einem Pilkvorfach, dann folgt aber vor dem zweiten Haken meist das Blei, das an einer Metall- oder Plastikröhre befestigt ist. Diese Röhre gleitet auf der Schnur, sodass der Butt das Blei nicht sofort als Widerstand beim Anbiss spürt. Die Haken sind mit Perlen und Spinnerblättern »garniert«, die für zusätzliche Reize sorgen sollen. Beködert wird mit

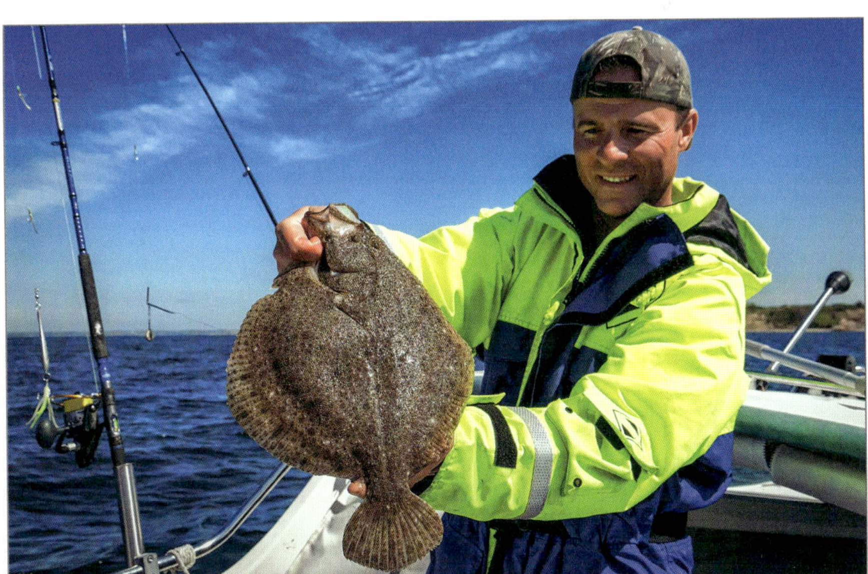

Beim Naturköderangeln ist der Fang eines Steinbutts das Highlight.

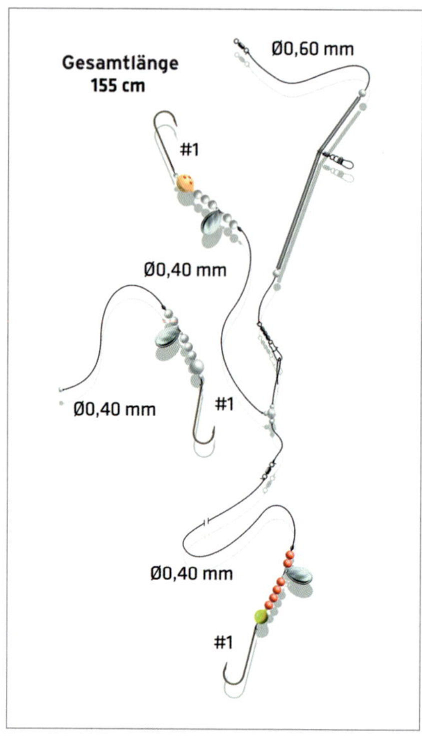

Typisches Plattfisch-Vorfach.

Watt- oder Seeringelwürmer, die wir zuvor »geplümpert« oder gekauft haben. Lassen Sie die Montage in der Abdrift kontrolliert zum Gewässergrund sinken und geben je nach Tiefe etwas Schnur nach. Der Rollenbügel der Stationärrolle wird geschlossen oder der Freilauf der Multirolle blockiert. Ziehen Sie die Montage nun einfach hinter dem Boot über den Grund her. Da wir vornehmlich über Sandgrund fischen, ist die Hängergefahr sehr gering. Ist das Blei zu leicht, merken Sie dies schnell, weil der Kontakt zum Grund verloren geht. Dann kurbeln Sie einfach schnell ein und hängen ein Blei mit 20 oder 30 Gramm mehr Gewicht in den Karabiner. Plattfische graben sich teilweise im Sand ein, sodass es wichtig ist, den Grundkontakt immer aufrecht zu erhalten.
Ein Biss macht sich durch ein Zittern oder Vibrieren der Rutenspitze bemerkbar. Warten Sie nun etwas ab, bis sich die Rutenspitze leicht krümmt, da Plattfische ein kleines Maul haben und etwas Zeit benötigen, um den Köder zu verarbeiten. Wer nach dem gelungenen Anschlag noch ein klein wenig wartet, wird mitunter sogar einen zweiten Plattfisch mit dem anderen Köder erwischen.

An Tagen, an denen die Platten hingegen nicht so recht beißen wollen, hilft es, mit den Komponenten etwas zu experimentieren. Vielleicht sind heute eher perlmuttfarbene oder eine Kombination aus roten und gelben Perlen angesagt? Vielleicht sind sie eher zu groß oder gar zu klein? Manchmal ist es auch sinnvoll, zusätzlich ein kleines Spinnerblatt zwischen oder hinter die Perlen zu schalten. Ein Vorfachwechsel oder ein schneller Umbau (für geübte Hände) kann also mitunter die Wende bringen. Häufen sich Fehlbisse oder beißen die Platten eher vorsichtig, ist der Wechsel zu kleineren Haken - von Größe 1 oder 2 auf 3 oder 4 - ratsam.
Ein ordentlicher Wattwurm ist zum Plattfischangeln ein geeigneter »Happen«, eine Kombination aus Wattwurm und Seeringelwurm ist oftmals noch fängiger. Fallen die Würmer recht klein aus, können Sie auch zwei Wattwürmer aufziehen. Wie bereits an anderer Stelle erwähnt, hilft dabei eine Ködernadel.

Beim Plattfischangeln muss man nicht zwangsläufig driften. Wenn eine sehr gute Stelle gefunden ist, können Sie selbstverständlich ankern. Jetzt gibt es

zwei Möglichkeiten, den Köder zu präsentieren: Entweder lassen Sie die Montage ab, legen die Rute ab – am besten in einem speziellen Rutenhalter – und warten, bis die Bisse kommen. Wer es sich zutraut, kann jetzt mit mehr als einer Rute fischen, da man die Hände ja frei hat.
Die zweite Möglichkeit ist das Auswerfen der Montage. Hier sollte ein etwas kürzeres Vorfach als beim Driften gewählt werden, damit es sich beim Wurf nicht verheddert. Nach dem Absinken nimmt man Kontakt zur Montage auf und zieht sie ganz langsam über den Grund zu sich heran. Das Aufwühlen des Sandes reizt zum Anbiss. Letztlich ist das nicht nötig, wenn man über einer guten Stelle ankert, doch wem das bloße Warten auf den Biss zu langweilig ist, kann diese Methode wählen.

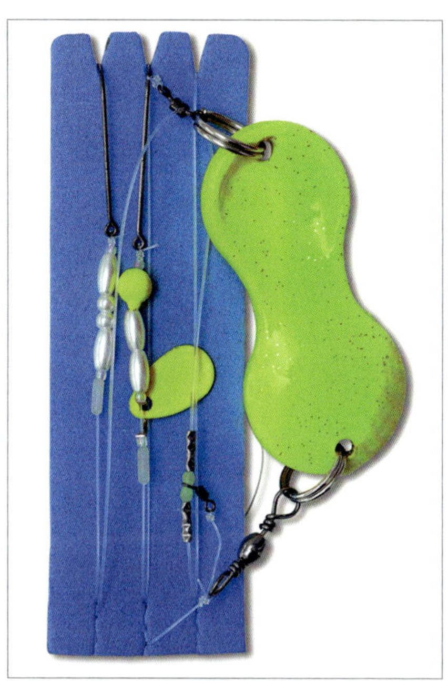
Ein Buttlöffel lockt Plattfische an.

6 Wo schwimmen Sie denn?

Wer das erste Mal vor der Frage »Wo schwimmen sie denn nun?« steht, muss nicht verzweifeln. Auch auf dem weiten Meer gibt es genügend Hinweise, wo es sich lohnt, die Rute auszuwerfen und wo eher nicht. Und wenn wir über Wasser keine Signale bekommen, haben wir ja noch die Schatzkarte aller Angler parat – die Seekarte.

Bleiben wir jedoch erst einmal an der Oberfläche. Hier ergibt es immer Sinn, nach anderen Anglern Ausschau zu halten. Wenn diese auch noch fangen, sollten Sie Gas wegnehmen und zumindest in der Nähe einmal einen Versuch starten. Insbesondere beim Herings- oder Makrelenangeln erspart das oft die Suche nach den Schwärmen. Und diese sind eigentlich groß genug, als dass es für alle für mindestens ein Abendessen reichen sollte.

Möwen, die immer wieder ins Wasser stoßen, sind ebenfalls ein gutes Indiz für raubende Fische. Die Möwen versuchen mit ihren Sturzflügen kleine Futterfische zu erwischen, die von Räubern nach oben getrieben werden. Hier liegen Sie also auch richtig.

Und selbstverständlich wissen professionelle Fischer, wo sich zu welchen Zeiten die Fische aufhalten – schließlich verdienen sie damit ihren kompletten Lebensunterhalt oder zumindest einen Teil davon. Haben sie Netze ausgelegt oder aufgestellt, kann das Revier nicht ganz verkehrt sein.

Wenn keines dieser Anzeichen zu sehen ist oder man sich schlichtweg nicht darauf verlassen möchte, hilft die Seekarte weiter. Als Bootsfahrer sind Sie geübt, diese zu lesen, wenngleich Sie sie etwas anders als üblich betrachten müssen – nämlich aus Fischsicht.

Der Klassiker der Seekartenkunde ist dabei das Identifizieren von Untiefen. Sie gehören in der oft nicht allzu strukturreichen Ost- oder Nordsee zu den Regionen, in denen sich vermehrt Futter aufhält. Hier sind dann unsere Zielfische nicht weit, denn an Untiefen ändert sich die Strömung ein wenig, und dort lagert sich alles Mögliche ab oder gerät in Bewegung. Sie sind einfach Anziehungspunkte für das Leben unter Wasser.

Ähnlich verhält es sich mit Kanten und Hängen. Fällt der Grund auf kurzer Distanz von 10 auf 15 Meter ab, ist das ein Anhaltspunkt für ein erhöhtes Fischvorkommen. Oder auch ein Plateau von mehreren hundert Meter Länge, das rundum von tieferem Wasser umgeben ist sowie umgekehrt eine längere Mulde, die eine starke Strömung – etwa in Sunden – ausgewaschen hat. Der Verlauf der Tiefenlinien deutet weiterhin auf Strömungen hin. Und wo diese recht stark ist – beispielsweise am Kleinen Belt oder dem Öresund in Dänemark –, da ist auch reichlich Futter unterwegs.

Sie merken schon: Die Suche nach guten Angelplätzen ist ein weites Feld, aber macht durchaus Spaß. Und man wird zudem für seine Recherche belohnt, wenn es denn schlussendlich an der Rutenspitze ruckelt.

Beachten Sie unbedingt auch die Hinweise zur Bodenbeschaffenheit. Wo vornehmlich Sand liegt, werden sich

garantiert die meisten Plattfische aufhalten. Zeigt die Karte, dass mit vielen Steinen gerechnet werden muss, treiben sich hier garantiert Dorsche und Meerforellen herum.
Auf dem Echolot und Fischfinder wird all dies letztlich sichtbar und Fischschwärme lassen sich selbstverständlich erkennen, aber auch die Grundbeschaffenheit und größere Einzelfische. Das Ganze ist aber immer eine Momentaufnahme. Wenn Sie meinen, dass aktuell keine Fische da sind, weil der Schirm nichts anzeigt, driften Sie trotzdem ein bisschen und versuchen Ihr Glück.

Vergessen Sie beim Angeln außerdem nicht das Wetter: Steigendes beziehungsweise auflaufendes Wasser bringt mehr Fisch, meist auch konstanter oder steigender Luftdruck oder die Tage nach einem Sturm. Fallender Luftdruck, ablaufendes Wasser oder ein aufkommender Sturm sind meistens keine guten meteorologischen Voraussetzungen für Angler.

Nachfolgend schauen wir uns einmal einige Reviere an, die für die meisten Leser dieses Ratgebers wahrscheinlich von Bedeutung sind – die westliche Ostsee von der Flensburger Förde bis Fehmarn, die östliche deutsche Ostsee rund um Rügen, die Nordseeküste zwischen den Niederlanden und Dänemark sowie einige Spots in der sogenannten »dänischen Südsee«. Insbesondere an den Wochenenden werden Sie in den Häfen so manche Gleichgesinnte treffen, die oft viele hundert Kilometer aus dem Binnenland an die Küste reisen, um dort ihr eigenes, kleines Abenteuer zu erleben. Meeresangeln gehört in unserer reglementierten und durchgetakteten Welt zu den individuellen Fluchten und strahlt einen Hauch von Freiheit aus.

6.1 Ostsee

Die Ostsee reicht von Höhe der Insel Samsø über die deutsche Küste bis ins Grenzgebiet zwischen Schweden und Finnland. Sie gilt als größtes Brackwasser-Meer der Welt, weil ihr Salzgehalt maximal 1,8 Prozent, im nördlichen Teil vor der finnischen Küste sogar nur 0,3 bis 0,4 Prozent beträgt. Im Durchschnitt ist die Ostsee 52 Meter tief; an der tiefsten Stelle geht es 459 Meter hinab.
Die Bandbreite der zu fangenden Fischarten ist enorm und weist, je weiter nördlich oder östlich man kommt, immer weitere Süßwasser-Arten auf. Be-

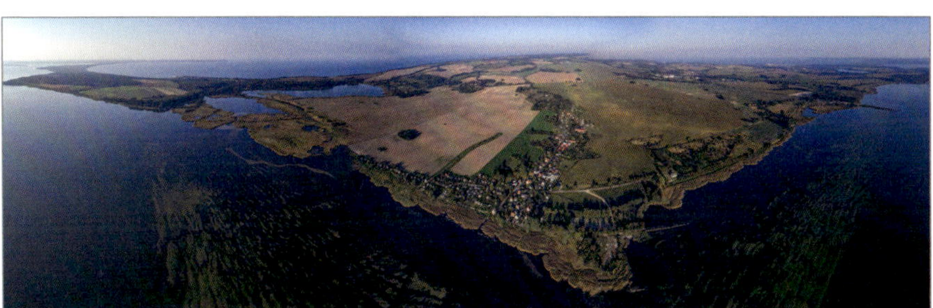

Vor der Küste Rügens beißen fast alle Arten in teilweise exorbitanten Größen.

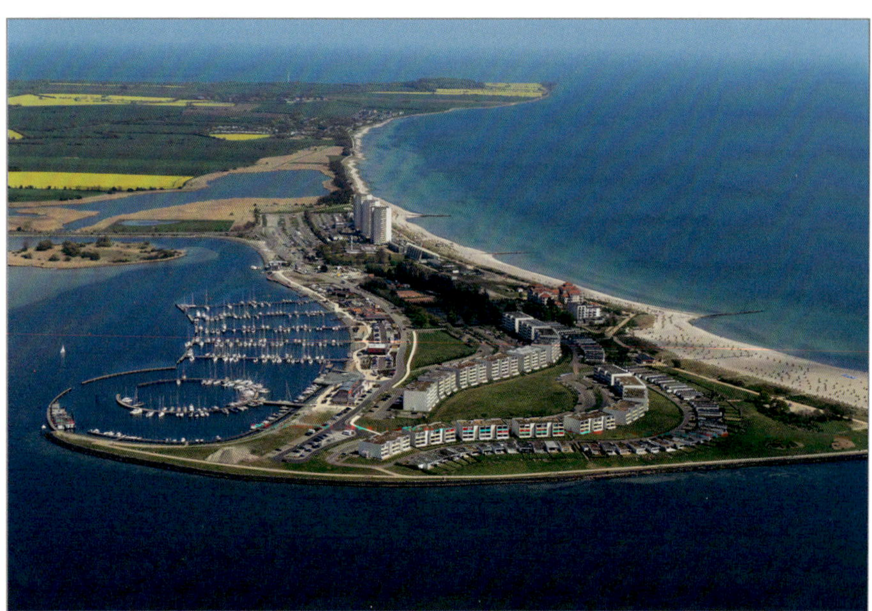

Fehmarn ist das Zentrum der Ostsee-Angler, die Infrastruktur gilt als exzellent.

reits vor Rügen gehen große Hechte, Barsche und Zander an den Haken. Insgesamt ist die Ostsee ein sehr dankbares Revier, da von vielen Häfen aussichtsreiche Gebiete recht schnell angesteuert werden können, die Infrastruktur für Angler gut ausgebaut und das Wetter oftmals recht stabil ist.

Exemplarisch wollen wir hier lediglich zwei Spots etwas näher betrachten, da eine Auflistung aller einigermaßen guten Fangplätze an der Ostsee selbst ein ganzes Buch füllen würde. Wer sich einmal einen Abend vor den Rechner setzt und eine Suchmaschine bedient, findet schon sehr viele – und manchmal selbst fundierte Tipps. Auch die Fachhändler an der Küste – etwa in Flensburg, Kappeln, Kiel, Neustadt oder Rostock – wissen immer ziemlich genau, wo es sich gerade lohnt, hinzufahren und was dort zu erwarten ist.

Starten wir ganz im Norden der deutschen Küste, gibt es gleich an der Grenze zu Dänemark ein hervorragendes und meist auch recht geschütztes Angelrevier. Die Flensburger Förde ist ein rund 24 Seemeilen langer Meeresarm aus der Eiszeit, dessen Nordufer zu Dänemark und dessen Südufer zu Schleswig-Holstein gehört. Die Flensburger Förde wird dabei in die Innenförde und die Außenförde unterteilt, wobei die Innenförde bis an die Nordspitze der Halbinsel Holnis reicht und in die Außenförde übergeht. Am Ende der Außenförde und damit am Übergang zur Ostsee befindet sich der Leuchtturm Kalkgrund. Da man hier immer im Grenzgebiet unterwegs ist, empfiehlt sich der Kauf eines dänischen Angelscheins – eventuell starten Sie ja sogar direkt von der dänischen Marina Minde oder von Mommark aus.

Selbstverständlich lassen sich in der Förde sehr gut Plattfisch, Dorsch und Hering fangen; besonders beliebt ist sie jedoch zum Schleppangeln. Bis auf die warme Sommerzeit mit starkem Krautgang kann man das ganze Jahr über das Schleppfischen ausüben. Je nach Jahreszeit bzw. Wind- und Wetterbedingungen kann man entweder die Innen- oder die Außenförde befischen.
Bei starkem Ostwind baut sich in der Außenförde allerdings eine unschöne Dünung auf, sodass es bei solchen Bedingungen angenehmer sein kann, die Innenförde zu befischen. Zielfisch ist hauptsächlich die Meerforelle oder auch der Dorsch (Baglimit!), Hornhechte oder Makrelen gehen zur jeweiligen Saison ebenfalls an den Haken.
Um Erfolg zu haben, sollten Sie solche Gebiete befischen, in denen sich eine interessante Tiefenlinie zeigt oder das Ufer stark abfällt. Schauen Sie in die Seekarte, die Ihnen schon sehr viel verrät.

Die beliebteste Insel der deutschen Meeresangler ist übrigens Fehmarn, wenngleich Rügen mit seinen sehr abwechslungsreichen Gewässern der sogenannten Sonneninsel nur wenig nachsteht. Auf Fehmarn gibt es mit Orth, Lemkenhafen oder Burgtiefe gute Ausgangsmarinas für einen Angeltörn. Auch aus Heiligenhafen oder Großenbrode ist die Anfahrt zu aussichtsreichen Fangplätzen nicht allzu weit. Wer ein trailerbares Boot besitzt, kann es an über 15 Slipanlagen zu Wasser lassen, die sich fast rund um die Insel verteilen. Die höchste Konzentration zeigt dabei die Südseite; die kürzeste Anfahrt zu Fanggründen auf Dorsch hat man in Katharinenhof, Klausdorf und Altenteil.

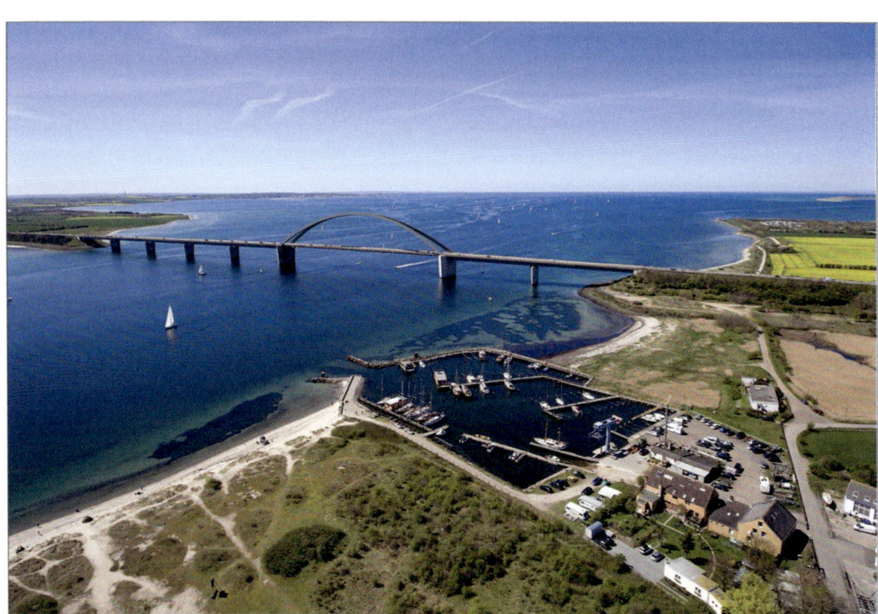

Der Fehmarnsund ist ein gutes Revier und eine gute Basis für das eigene Boot.

Wenn es auf Plattfisch gehen soll, sind der Flügger Strand und Puttgarden als Basis empfehlenswert.
Zu den absoluten Hotspots auf Fehmarn zählen seit Langem folgende Ansteuerungen: Flügger Sand für Flunder & Co (54.440723°, 10.988953°), Markelsdorfer Huk für Dorsch und Meerforelle (54.545500°, 10.992167°), Puttgarden-Riff für Plattfische (54.521714°, 11.202646°), Klausdorf für Dorsch und Meerforelle (54.470331°, 11.302596°), Staberhuk für Dorsch (54.404667°, 11.340500°) und Meeschendorf für Plattfisch (54.391882°, 11.261210°).

Um die Vielfalt der Ostsee zu verdeutlichen, wird hier noch kurz eine andere Insel vorgestellt, die unter Touristen wie Anglern kaum weniger beliebt als Fehmarn ist. Wer Angelruten im Gepäck hat, der fährt in mindestens 50 Prozent der Fälle zum Hechtangeln nach Rügen. Sogar aus dem Ausland reisen jedes Jahr zahlreiche Angler an, da die Fischdichte und die Anzahl der gefangenen Großhechte – also solche Exemplare über einen Meter Länge – wirklich enorm sind! In den flachen Bodden gibt es reichlich Futterfische, an denen die Hechte sich sattfressen können – dementsprechend gut wachsen sie auf Rügen heran. Viele gute Angelspots gibt es im Wieker, Schaproder und Kubitzer Bodden. Ein guter Ausgangspunkt ist deshalb Schaprode mit seinem gut geschützten Hafen im Westen der Insel. Zur offenen Ostsee und damit zu den Fanggründen für Dorsch, Lachs (!), Meerforelle und Plattfisch ist es von Schaprode ebenfalls nicht weit. Professionelle Angelführer, haben hier ebenfalls ihre Basis. Kennt man sich gar nicht aus, empfiehlt sich durchaus das Engagement eines solchen Guides, der einen mit seinem lokalen Fachwissen um Plätze, Techniken und Köder sehr viel Zeit bei der eigenen Recherche sparen kann.

Auch für den Fang von Hechten können wir unser übliches Gerät einsetzen, und selbst die Gummifische, die eigentlich für Dorsche gedacht sind, können einen Versuch wert sein. Allerdings fangen flach laufende Wobbler und Gummifische im Barsch- oder Rotaugen-Dekor vor Rügen tendenziell besser als solche im Heringslook. Letzterer könnte höchstens im Frühjahr zum Volltreffer werden, wenn sich in den Bodden und vor allem im Strelasund vortrefflich Heringe fangen lassen.

6.2 Nordsee

Die Nordsee umfasst eine Fläche von rund 575.000 Quadratkilometern, ist damit größer als die Ostsee und erstreckt sich von der belgischen Küste über die Nordspitze Schottlands und die norwegische Westküste bis nach Norddänemark. Sie ist im Schnitt etwa 90 Meter tief und hat einen Salzgehalt von maximal 3,5 Prozent. Der Golfstrom sorgt für eine nicht allzu niedrige Wassertemperatur, die selten zehn Grad Celsius unterschreitet. Die Nordsee gilt als Kinderstube der Fische des Atlantiks und weist einen hohen Bestand auf.
In den küstennahen Bereichen dominiert das Wattenmeer, das für Angler vor allem Aale und Plattfische bereithält, mitunter auch Hornhechte und Makrelen. Weiter draußen schwimmen Dorsche, große Makrelen- und Heringsschwärme sowie mitunter auch Rochen

und Hundshaie, die aber unter Schutz stehen.
Für die Nordsee sind größere Boote als für die Ostsee nötig, da die Nordsee tendenziell rauer ist und weiter draußen gefischt wird - wenn es nicht nur auf Plattfisch und Aal gehen soll.
Vor der niederländischen Küste etwa geht es meist zehn Seemeilen hinaus, wenn professionelle Angelkutter-Kapitäne die Makrelenschwärme ansteuern. Genauso verhält es sich mit den Wracks, die ein hervorragendes (aber auch hängerträchtiges) Angeln auf Dorsch und Wittling bieten. Vor den niederländischen Inseln lassen sich zudem sehr schöne und große Plattfische erwischen sowie saisonal auch Makrelen. Ähnlich sieht es vor den ostfriesischen Inseln an der deutschen Nordseeküste aus. Die Hochsee-Insel Helgoland, einst Mekka vieler Dorschangler, ist indes etwas aus dem Fokus geraten. Einschränkungen sowie ein mangelndes Köder- und Serviceangebot für Angler haben das Eiland ins anglerische Abseits gedrängt.
Ein absolutes Toprevier hat die Nordsee trotzdem zu bieten: das »Gelbe Riff« vor der norddänischen Küste. Das Riff ist allerdings kein Riff, sondern ein langer Abhang, der in der 800 Meter tiefen Norwegischen Rinne ausläuft. Sandstein, Korallen und Wracks liegen am Grund, sodass die Berufsfischer eher einen Bogen um die Gegend machen, um ihre Netze nicht zu zerstören. Dies in Kombination mit starker Strömung sorgt für reichlich Futterfisch auf dem Gelben Riff und damit für wirklich kapitale Raubfische. Dorsche von 20 Pfund sind hier an der Tagesordnung, Gewichte bis 50 Pfund möglich. Dazu kommen meterlange Köhler, stattliche Steinbeißer und Lengfische. Selbst Heringshaie bis 100 Pfund Gewicht sollen hier an den Haken gehen. Es ist klar, dass mit unserer leichten Pilkrute, die wir auf der Ostsee einsetzen, derartige Fische nicht bezwungen werden können. Hier sind eine stabile Bootsrute samt Multirolle und Pilker zwischen 200 und 400 Gramm Gewicht gefragt; das Investment dafür liegt bei rund 400 Euro.
Bei recht schneller Drift müssen die Köder zügig zu den Fanggründen; als Beifänger funktionieren Gummi-Makks - letztlich schräg abgeschnittene Plastikschläuche samt Haken - sowie künstliche Oktopusse gut. Dies nur als kleiner Ausblick, wenn Sie sich mit der Materie »Angeln« vertraut gemacht haben und Ihnen die Fische in der Ostsee nicht mehr genügen. Schlagen Sie Ihrer Familie also einfach einmal einen Törn nach Norwegen vor - dann kommen Sie fast automatisch am Gelben Riff vorbei.

6.3 Dänemark

Dänemark ist ein wahres Paradies für Bootsangler. Man braucht nur einen Blick auf die Landkarte zu werfen. Wer hier wohnt, hat es nie weit zur Küste; das Land ist von Nord- und Ostsee eingerahmt sowie von Flüssen und Fjorden durchzogen.
Von herrlichen Meerforellen über dicke Plattfische bis zu etlichen Heringen können Sie hier alles fangen, was das Herz und vielleicht auch der Magen begehren. Die Dänische Südsee rund um Fünen ist ein Toprevier, aber genauso der Öresund zwischen Dänemark und Schweden, das bereits erwähnte Gelbe Riff, das Weiße Riff vor Hvide Sande,

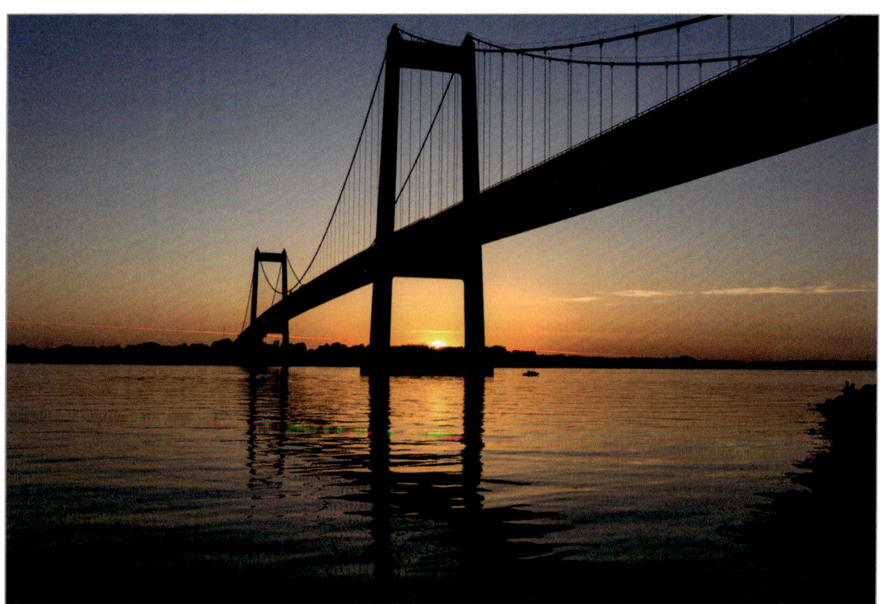

Im strömungsreichen Kleinen Belt liegen die guten Angelstellen nah beieinander.

die Inseln Bornholm und Langeland sowie das nördliche Kattegat. Dänemark hat Bootsanglern enorm viel zu bieten, aber sämtliche Reviere in aller Ausführlichkeit zu beschreiben, würde hier den Rahmen sprengen. Wir schauen uns deshalb in Kurzform einmal Langeland, den Kleinen Belt und den Öresund etwas genauer an.

Wie überall hilft auch in Dänemark der Gang zum nächsten Fachhändler, der Schnack mit anderen Eignern im Hafen oder die Recherche im Internet. Orientieren Sie sich zudem an den Signalen auf dem Wasser und in der Seekarte.

Von deutschen Häfen aus ist die Insel Langeland sehr gut zu erreichen, und kaum ein anderes Ziel in Dänemark genießt unter Meeresanglern einen vergleichbaren Ruf. Die sehr guten Bestände an Plattfischen und Meerforellen in Kombination mit einem recht weitläufigen und einfachen Revier sowie einer exzellent auf Angler eingestellten Infrastruktur locken jedes Jahr viele Angler nach Langeland.

Auf der Seekarte sollten Sie sich vorab den Verlauf der Rinne im Langelandbelt anschauen. Anhand der Betonnung der Fahrrinne und markanter Landmarken können Sie sich schon recht gut orientieren und bekommen ein Gefühl dafür, wo Sie fangträchtige Kanten finden. Hier steht vor allem der Dorsch und das in sehr stattlichen Größen – bis zu 30 Pfund schwere Exemplare sind möglich.

Der Hafen von Spodsbjerg ist für das Angeln auf beziehungsweise vor Langeland eine gute Basis. Trailerkapitäne können an der Slipanlage ihr Boot zu Wasser lassen, die anderen legen in der Marina an, und selbst eine Reihe von Charterbooten steht bereit. Von Spodsbjerg sind es jedenfalls keine zehn Minuten Bootsfahrt bis zu den ersten Hotspots für Dorsche. Da diese Gesellen vor Langeland vor allem Krebse und Krabben jagen und fressen, sollten Sie Ihre Köderfarbe anpassen. Orange und Rot oder das sogenannte Motoroil sind beliebt und in Form eines großen Gummifisches ein Top-Köder für die größeren Dorsche. Wenige Zupfer nur sind nötig, um dem Gummifisch so viel Leben einzuhauchen, dass ihn der Großdorsch attraktiv findet. Es kann vor Langeland passieren, dass das herkömmliche Ostsee-Gerät an seine Grenze kommt, da in größerer Tiefe und auf größere Räuber gefischt wird.

Zu den bekannten Stellen gehört etwa das sogenannte Bermuda-Dreieck, das durch drei Tonnen (48, 49, 51) gekennzeichnet wird, die das hier rechte enge Fahrwasser markieren. Dies ist ein Platz, an dem im Sommer viele große Dorsche gefangen werden – meist in Tiefen um 20 Meter an den Kanten. Es herrscht allerdings oft eine starke Strömung; und der Fisch ist nicht immer da.
Genauso bekannt oder berühmt ist Langeland für seine Plattfische. Schollen, Flundern und Kliesche erfreuen sich stetig wachsender Beliebtheit. Eine weitere Besonderheit der Gewässer rund um die Insel ist das Fischen auf Steinbutt. Die Bestände gelten als äußerst gut, auch wenn die bestens getarnten Flachmänner nur schwer an den Haken zu locken sind. Gute Plattfischstellen befinden sich gleich nördlich des Hafens Spodsbjerg auf den Sandbänken in vier bis acht Metern Tiefe.
Die gesamte Küste entlang vom gelben Leuchtturm südlich Spodbjergs bis hin zum grünen gelten ebenfalls als »sichere Bank«. Starten Sie bei vier Metern Wassertiefe, und lassen Sie sich ins Tiefere treiben.

Der Kleine Belt trennt das dänische Festland (Jütland) von Dänemarks zweitgrößter Insel Fünen. Durch ihn erfolgt unter anderem der Austausch zwischen dem salzärmeren Wasser der Ostsee und dem salzreicheren Wasser des Kattegats. Seine Gezeitenströme sorgen für einen regelmäßigen Zufluss von salzhaltigem und sauerstoffreichem Wasser. Im nördlichen Teil ist die Strömung am kräftigsten, und die Tiefen sind am größten – entsprechend groß ist das Nahrungsangebot. Daneben finden die Fische auch zahlreiche gute Versteckmöglichkeiten. Angler können deshalb überall im Kleinen Belt reiche Beute machen, insbesondere zwischen Kolding und Fredericia, aber auch südlich davon. Regelmäßig werden schöne Dorsche, Plattfische, Meerforellen, Makrelen, Hornhechte, Heringe, Meeräschen und sogar kleinere Lengfische gefangen – ein dorschähnlicher, aber viel schlankerer Fisch. Der Kleine Belt ist aber vor allem für seinen guten Plattfischbestand berühmt. Schollen, Flundern, Klieschen und sogar Steinbutt finden adäquate Lebensbedingungen vor.
Ein großer Vorteil dieses Reviers: Mit all den Buchten, Landzungen und teilweise steilen Ufern findet man im Kleinen Belt auch bei starkem Wind fast immer einen Platz, der noch gut befischbar ist. Zu den beliebtesten Plätzen der Bootsangler zählen die Brückenpfeiler der alten und neuen Beltbrücke. Während sich die Dorsche oft neben den Pfeilern

oder im Strömungsschatten aufhalten, fängt man Köhler eher im Strom. Generell können Sie sich aber auch an anderen Angelbooten orientieren oder sich Stellen heraussuchen, die im Abschnitt über die Seekarte beschrieben sind. An guten Stellen mangelt es im Klein Belt jedenfalls nicht.

Im mitunter nur vier Kilometer breiten, aber zum Teil über 40 Meter tiefen Øresund zwischen Dänemark und Schweden herrscht meistens eine recht starke Strömung. Für Angler bedeutet das eigentlich immer ein großes Fischaufkommen, was noch durch das Schleppnetz-Verbot vor Ort unterstützt wird. Der Øresund ist eines der Top-3-Reviere in Dänemark, wenn nicht gar in der gesamten Ostsee.

Wer von Helsingør aus startet, findet bereits nach wenigen hundert Metern einige sehr interessante Stellen. Einer der besten Plätze liegt dabei direkt vor Schloss Kronborg auf der dänischen Seite des Øresunds. Vor dieser Landzunge fällt der Meeresgrund bereits auf über 30 Meter Tiefe ab – hier stehen im Frühjahr und Herbst die Heringe und im Sommer die Makrelen. An den sandigen Strandabschnitten direkt nördlich des Hafens von Helsingør und direkt südlich des Scandlines-Fähranlegers kann man übrigens hervorragend auf Plattfische angeln. Die üblichen Köder – Wattwurn, Seeringelwurm, Fischfetzen – sind fängig; nur das Blei muss vielleicht etwas schwerer als in der Kieler Förde gewählt werden.

Imposant sind im Sund auf jeden Fall die riesigen Heringsschwärme. Im Herbst sind die Heringe dabei groß und fett und schmecken besonders gut. Über dem Schwarm treibend, dauert

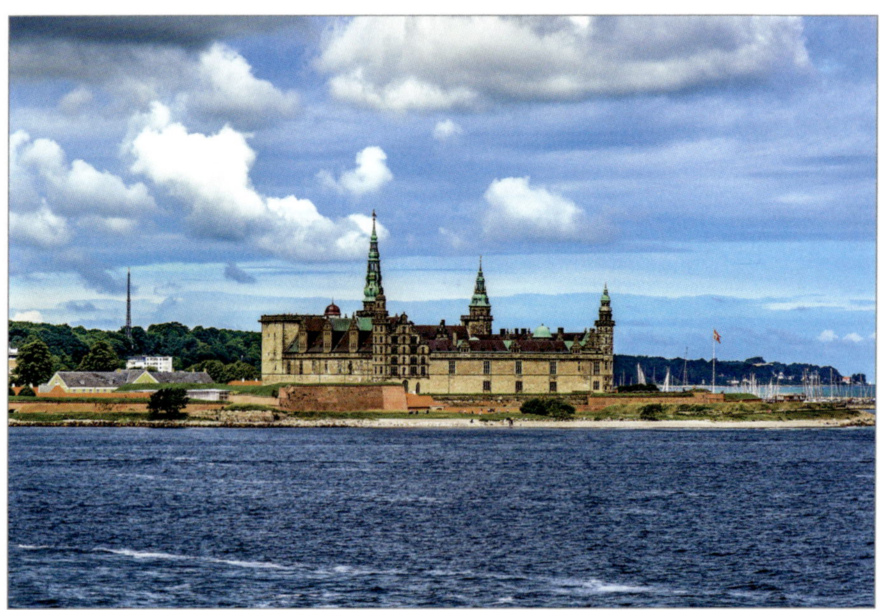

Im Öresund beißen kapitale Dorsche, fette Heringe und Plattfische in Rekordgrößen.

es in der Regel nur wenige Sekunden, bis die ersten Heringe am Paternoster zappeln. Erfahrene Angler benutzen am Øresund kräftigere Haken und dickere Vorfachschnur als üblich. Der Grund dafür sind die Dorsche, die unter oder neben den Heringsschwärmen rauben und mitunter auf den Paternoster sowie natürlich auf den Pilker beißen, der am Ende des Vorfachs hängt. Und die Dorsche werden durchaus groß am Øresund; früher galt die Meerenge sogar als Europas Adresse Nummer eins fürs Großdorschangeln.

7 Welches Boot passt zu mir?

Wenn Sie dieses Buch gekauft haben, besitzen Sie sehr wahrscheinlich ein Boot. Es richtet sich ja vornehmlich an Skipper, die auf ihren Törns auch einmal einen Fisch fangen möchten und die mit herkömmlicher Angel-Literatur, die mitunter schon ziemliches Fachwissen voraussetzt, etwas überfordert sind. Trotzdem soll hier eine kurze Vorstellung der Materialien und verschiedenen Typen nicht unerwähnt bleiben. Vielleicht ist ja auch mancher Segler nach seiner ersten Angelsaison so begeistert, dass er sich zusätzlich noch ein motorisiertes Walkaround an die Ostsee legt?

Bei der Auswahl eines Angelbootes spielen zunächst einmal das Revier und der Einsatzzweck eine sehr wichtige Rolle. Danach bemisst sich die Größe, der Aufbau und die Ausstattung. Selbstverständlich ist auch das Budget ein wichtiges Kriterium. Vorab jedoch so viel: Mit einem Boot unter fünf Meter Länge sollte sich niemand weiter als ein paar hundert Meter von der Küste entfernen. Auch nicht auf der Ostsee bei »Ententeich«-Wetter. Die See – das wissen zum Glück die meisten Angler und Skipper – verlangt Respekt. Für Angelausflüge, insbesondere im Frühjahr und Herbst, setzen sich bereits in der etwas gemäßigteren Ostsee Formate ab sechs Meter Länge durch, die zudem ausreichend motorisiert und vor allem recht rauwassertauglich sind.

Je größer ein Angelboot ist, desto besser ist in der Regel das Sicherheitsgefühl, insbesondere die Stabilität und das Verhalten in der Welle. Nachteilig auswirken kann sich die Größe dagegen bei kleinen Slipanlagen. Auch der Transport und die Unterbringung eines größeren Angelbootes kann sich unter Umständen schwierig gestalten. Nicht zuletzt steigen die laufenden Unterhaltskosten mit der Größe eines Angelbootes. Angefangen von der Versicherung bis hin zu einem geeigneten Zugfahrzeug kann da eine größere Summe zusammenkommen. Trotzdem sollte man, wenn es finanziell und logistisch möglich ist, immer

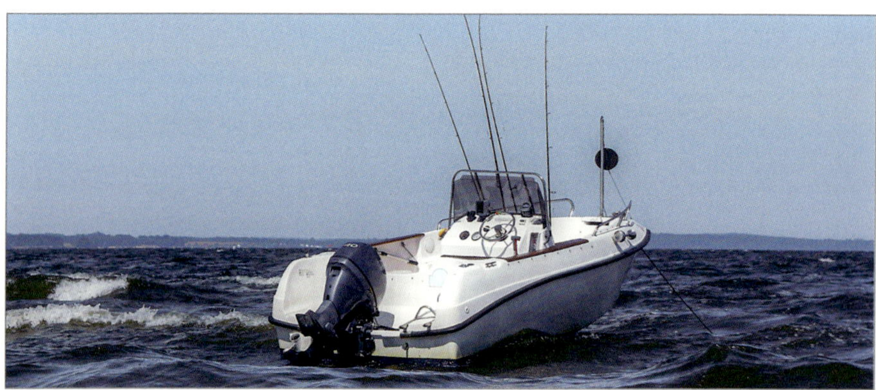

Tyisches Boot mit Centerkonsole und Außenborder.

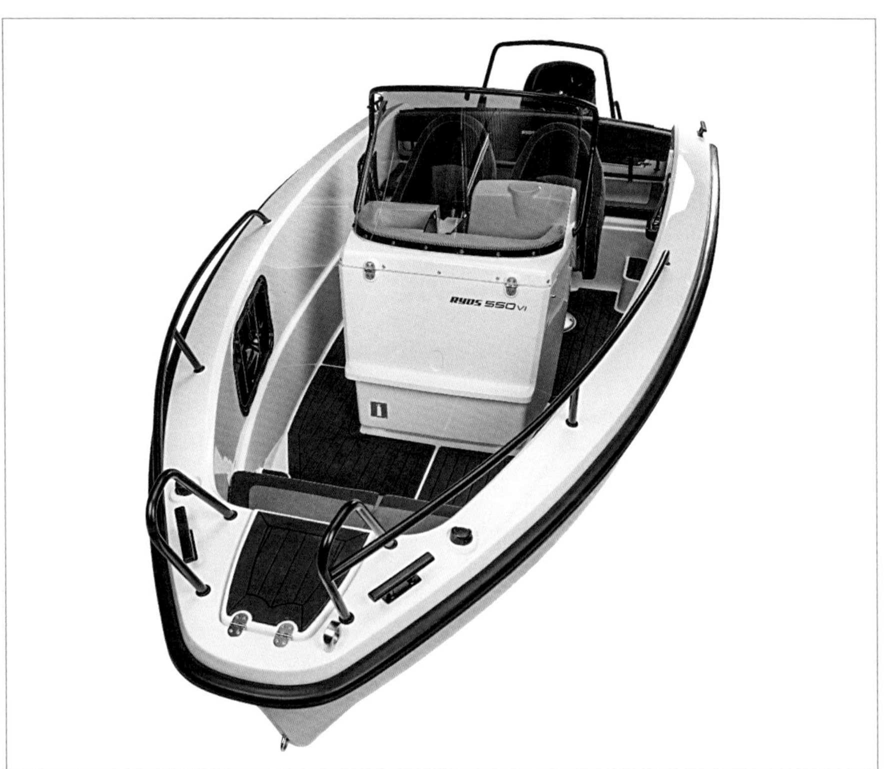

Ein Walkaround-Boot gilt für viele Angler als erste Wahl.

ein etwas größeres Boot wählen. Der Sicherheitsaspekt, gefühlt wie real, ist einfach größer. Nicht zu vergessen das Equipment, das mit der Zeit – also je länger Sie sich mit dem Hobby beschäftigen – eher zu- als abnehmen wird und schließlich verstaut werden muss.

Angelboote mit einem stark aufgekimmten Rumpf bezeichnet man umgangssprachlich als V-Rumpf-Boote. Je tiefer das V ist, desto besser schneidet das Boot die Wellen und desto besser sind in der Regel auch die Fahreigenschaften. Der Nachteil von Deep-V-Angelbooten ist die Tatsache, dass diese Rümpfe etwas mehr Schub benötigen, um ins Gleiten kommen; ergo etwas größere Motoren montiert werden müssen. Als Richtwert kann man die vom Hersteller angegebene Maximalmotorisierung wählen. Besser man kauft nur einmal einen Motor, als sich später zu ärgern, dass man die nächsthöhere Klasse hätte wählen sollen.

Als Material hat sich im Angelboot-Segment GFK, also glasfaserverstärkter Kunststoff, zuverlässig durchgesetzt: Rumpf und Aufbauten lassen sich optimal formen. Ein weiterer Vorteil von GFK-Angelbooten ist die enorme Stabilität des Materials. Die Steifigkeit eines Bootsrumpfes ist mitentscheidend für die spätere Performance auf dem

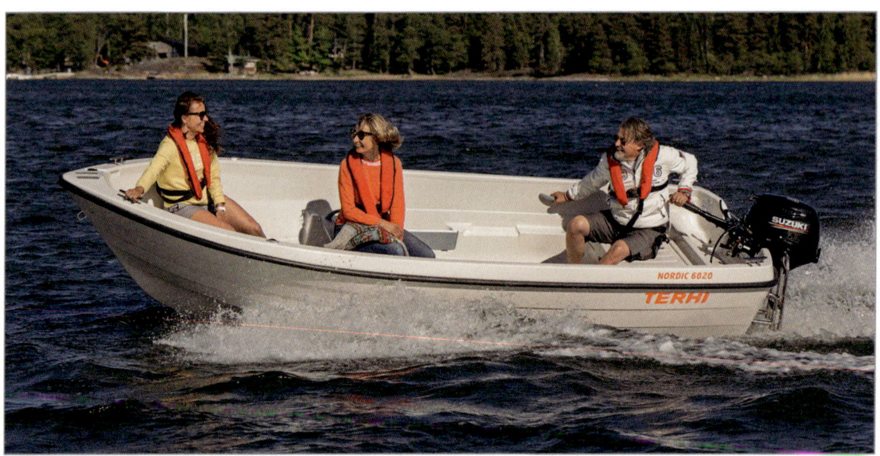

Offenes Boot mit Außenborder für den Gelegenheitsangler.

Wasser. Auch die Möglichkeiten von Installationsarbeiten und Reparaturen, selbst nach größeren Schäden, sind bei GFK-Angelbooten recht einfach durchzuführen.

Dem Gewicht sollte dabei keine allzu große Rolle beigemessen werden. Sie wollen schließlich keine Rennen gewinnen, sondern sicher und komfortabel unterwegs sein. Dementsprechend sind etwas schwerere Rümpfe zu bevorzugen; sie können gar – anders als bei Regattayachten unter Segeln – als Qualitätsmerkmal gelten!

Der Aufbau eines Angelbootes ist dabei immer Geschmackssache. Bewährt haben sich aber sogenannte Centerkonsolen-Konstruktionen. Dabei ist der Steuerstand mittig im Boot platziert, weshalb Sie sich relativ frei und unkompliziert an Deck bewegen können. Zuweilen schützt diese Konsole ein T-Top, eine einfache Überdachung mit offenen Seiten. Wer dagegen bei Bedarf rundum geschützt sein möchte und eventuell auch eine Nasszelle an Bord haben möchte, kommt um ein größeres Modell mit richtiger Kajüte oder einem Pilothouse nicht herum. Für gelegentliche Angelausflüge in Küstennähe genügt selbstverständlich ein offenes Boot mit Handsteuerung des Außenborders.

Bekannte Hersteller von GFK-Angelbooten sind etwa *Terhi, Ryds, Quicksilver, Beneteau, Boston Whaler, Yamarin, Jeanneau* und *Karnic*.

Aluminium ist das zweite, sehr beliebte Material für Angelboote. Diese Modelle, die vielfach in Skandinavien zum Einsatz kommen, lassen sich recht günstig fertigen und verzeihen zudem Unachtsamkeiten. Kleine Fahrfehler beim Anlegen verursachen nicht gleich einen größeren Schaden, sondern im schlimmsten Fall eine kleine Beule. Aluminium-Boote sind indes meist leichter und auch etwas lauter. Fällt Ihnen ein Pilker herunter, kann das einen ganz schönen Rums geben. Limitiert sind Alu-Angelboote ein wenig in ihrer Form und beim Innenausbau, denn Aluminium kann nicht beliebig geformt und verarbeitet werden.

Unschlagbar sind Alu-Boote aber in ihrer Robustheit und in ihrer einfachen Pflege. Wer für den rauen Angel-Alltag ein »Arbeitstier« sucht, sollte Aluminium als Material in Betracht ziehen. Gefertigt werden solche Boote unter anderem von *Buster, Kaasbøll* und *Linder*.

Nicht unerwähnt sollen noch die Festrumpf-Schlauchboote, sogenannte RIBs, bleiben. Diese werden inzwischen bis zu einer Länge von knapp 20 Metern gebaut. Sie besitzen einen festen Rumpf, der mit einem Schlauch als Auftriebskörper kombiniert ist und aus mehreren Luftkammern besteht. Der Rumpf wird meist aus GFK gefertigt.
Der gewaltige Auftrieb und die perfekte Stabilität sind die Grundlage dafür, dass solche Schlauchboote selbst bei stürmischer See sicher fahren können. RIBs sind deshalb auch oft im Offshore-Bereich und in kommerziellem Gebrauch unterwegs. Sie sind in jedem Fall eine Alternative zu GFK-Booten, wenn man auf eine Kajüte verzichten kann – denn diese besitzen die wenigsten kleineren RIBs. *Bombard, Selva, Zodiac, Lomac, ZAR* oder *Novurania* heißen bekannte Werften in dieser Kategorie.

AUFRÜSTUNG FÜR ANGLER

Ein Boot, dass man neu oder gebraucht kauft (oder gar schon besitzt), ist fast nie optimal auf Angelausflüge vorbereitet. Als sinnvolles Zubehör sind hier einige Komponenten aufgeführt, ohne die man eigentlich nicht auskommt:

- **Fischfinder:** Er sollte auf jedem Angelboot installiert sein, um Tiefe und Untergrund zu checken und natürlich auch die Fische anzuzeigen (wenn denn welche da sind). Einfache Modelle bekannter Hersteller (*Humminbird, Lowrance*) erfüllen oft ihren Zweck auf Nord- und Ostsee.
- **Seekarten:** Sie gehören trotz neuester Technik bei vielen Skippern immer noch dazu. Mit einer Seekarte kann man sich zudem zuhause bereits gemütlich hinsetzen und Reviere auskundschaften sowie Angelplätze definieren. Auch als Backup sind Seekarten anzuraten.
- **Driftanker:** Wenn das Boot zu schnell treibt und eine geordnete Köderführung nicht möglich ist, kann man einen Driftsack oder -anker ausbringen – letztlich ein großes Tuch an einer Leine, das die Drift abbremst. Die große blaue Tüte eines bekannten Möbelherstellers ist dafür beispielsweise auch geeignet.
- **Fischkiste:** Der Fang muss irgendwo an Bord untergebracht werden. Und da Fische mitunter nicht die »saubersten« Zeitgenossen sind – Blut, Schleim oder sonstige Ausscheidungen sind zu beachten – landen sie an Bord am besten direkt in einer großen Plastik-Kiste. Eine solche gibt es günstig im Baumarkt zu kaufen.
- **Rutenhalter:** Wer schon ziemlich genau weiß, dass Angelausflüge regelmäßig in der Wochenend-Planung auftauchen, kann sich Rutenhalter fest an Bord schrauben. Es gibt solche, in die Angelruten einfach senkrecht gesteckt werden, um Ordnung an Deck zu halten, und solche, die auf der Bordwand installiert werden und auch zum Freihandschleppen gut zu gebrauchen sind. Hier sind Modelle zum Klemmen oder Festschrauben erhältlich.

- **Kühlbox:** Im Sommer oder auch an warmen Frühlingstagen kann man in einer Kühlbox zum einen seine Köder aufbewahren, zum anderen besitzen Heringe und Makrelen eine eher empfindliche Konsistenz, ihr Fleisch kann in der Sonne schnell verderben. Auch zum Abtransport aller anderen Fänge im Auto ist eine Kühlbox sinnvoll.
- **Schneidebrett:** Wer Fische fängt und sie verwerten möchte (und nur deshalb sollte man eigentlich zum Angeln gehen), der muss sie auch irgendwo versorgen. Mehrere Hersteller bieten dafür Bretter an, die an Reling oder Bordwand befestigt werden können. Damit agiert man in guter Arbeitshöhe, diese Bretter sind zudem robust und leicht abwaschbar.

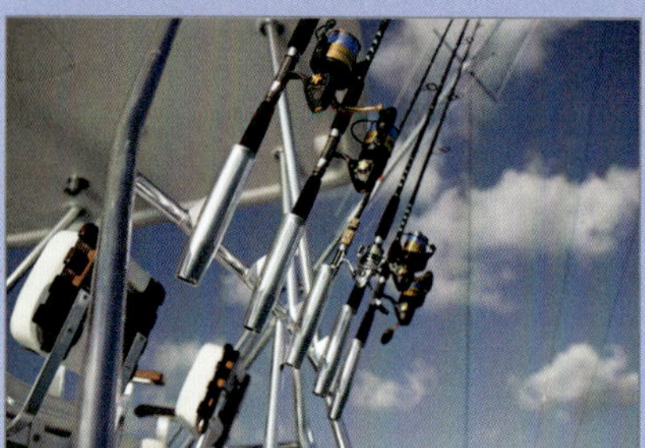
Rutenhalter sorgen für Ordnung an Deck.

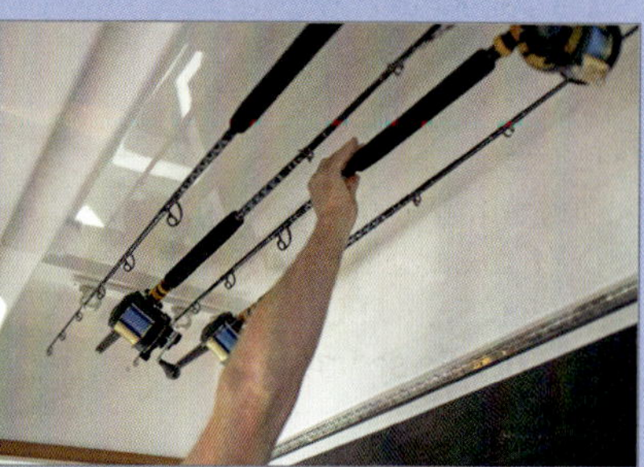
Klemmen halten Ruten an Bord fest.

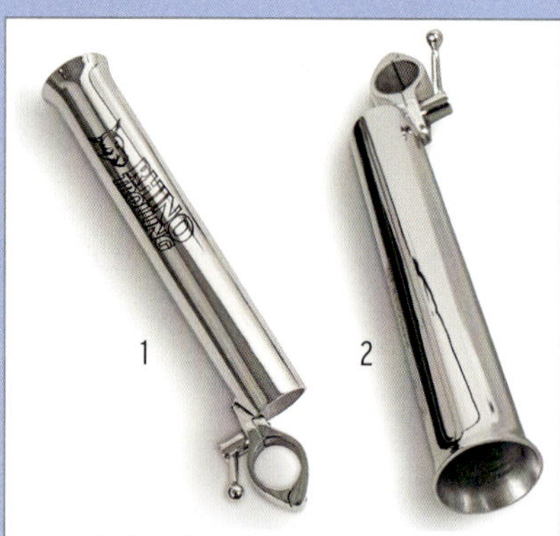

Mobile Rutenhalter zur flexiblen Nutzung.

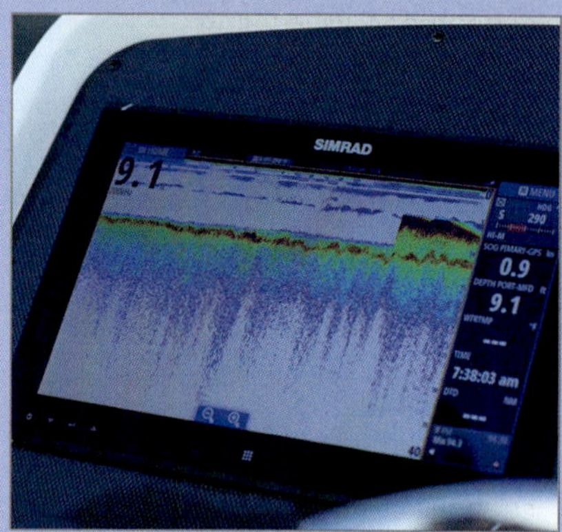

Fischfinder sind unverzichtbar.

DIE KRANKHEIT DER SEE

Sollten Sie mitunter seekrank werden, liegt es nicht an Ihrer Seetauglichkeit, denn selbst hartgesottene Seebären haben bei starkem Seegang und hohen Windstärken mitunter mit Seekrankheit zu kämpfen. Selbst Columbus und Nelson berichteten in ihren Tagebüchern von ihren schweren Leiden während ihrer Atlantiküberquerungen.

Die Seekrankheit ist jedoch nur eine Variante der Reisekrankheit. Die medizinisch als Kinetose (Bewegungskrankheit) bezeichneten Beschwerden können auch bei Bus- und Autofahrten, im Zug, im Flugzeug oder auf Achterbahnen auftreten.
Dahinter steckt eine Verkettung von Umständen in unserem Körper, der auf See zahlreichen Kipp- und Drehbewegungen ausgesetzt ist. Diese werden an verschiedenen Stellen verarbeitet: Die Wahrnehmungsrezeptoren im Innenohr senden Signale an das Gehirn. Genauso wie die Druck- und Bewegungsrezeptoren in den Muskeln. Diese Signale fügt das Gehirn mit den visuellen Eindrücken zusammen, das jedoch eher auf Abläufe wie »gehen« oder »rennen« spezialisiert ist. Deshalb gerät das System bei bewegter See an seine Grenzen. Die Lage unseres Körpers, die Signale unserer Muskeln und die Wahrnehmung der Augen passen nicht mehr zusammen und sind sogar widersprüchlich – das Ergebnis ist Seekrankheit. Mit einigen Maßnahmen kann man die Anfälligkeit zur Seekrankheit jedoch etwas einschränken und seinen Körper bestmöglich vorbereiten:

- Meiden Sie unbedingt den Genuss von Alkohol und Nikotin, besonders zu Beginn der Reise und im Falle von Alkohol auch am Vorabend des Törns.
- Wählen Sie einen Platz an Bord, von dem Sie ungehindert auf das Meer blicken können.
- An der frischen Luft sind Sie am besten aufgehoben. Das Einatmen von unangenehmen Gerüchen wie Dieselabgasen oder verbrauchter Luft in der Kabine kann Seekrankheit auslösen.
- Meiden Sie das Lesen unter Deck oder die Konzentration auf ein technisches Gerät.
- Lenken Sie sich ab: Versuchen Sie, sich auf andere Gedanken zu bringen und nicht an eine eventuelle Seekrankheit zu denken. Fachsimpeleien sind ideal dafür.
- Denken Sie immer positiv: Das kann leichte Beschwerden dämpfen oder gar eliminieren.
- Essen Sie mehrere kleine Portionen. Ein leerer Magen schwächt Ihren Kreislauf ebenso wie eine zu üppige Mahlzeit. Wählen Sie leichte Speisen aus, und nehmen Sie zwischendurch ein paar Kleinigkeiten zu sich.
- Sie bemerken die ersten Symptome? Schließen Sie ruhig die Augen, und machen Sie ein kurzes Nickerchen. Viele Seekranke fühlen sich nach einer Ruhephase deutlich besser.
- Falls Sie bereits mit leichten Symptomen der Seekrankheit zu kämpfen haben, kann auch die Einnahme von Ingwer helfen. Zwar ist noch nicht genau bekannt, wie genau Ingwer in dieser Situation wirkt – es wird jedoch eine Reaktion der ätherischen Öle mit den Brechreiz-Rezeptoren im Magen vermutet.
- Auch in Apotheken gibt es zahlreiche Mittel wie Kaugummis, Wirkstoffpflaster und Tabletten gegen Seekrankheit. Sie sind rezeptfrei erhältlich und enthalten fast immer den gleichen Wirkstoff. Allein die Ein- oder schon die bloße Mitnahme dieser Mittel wirkt bei manch Anfälligem gegen die Seekrankheit kleine Wunder.

8 Welche Knoten muss ich kennen?

Zum Angeln gehören einige wenige Knoten, die man einfach beherrschen muss, um seinen Wirbel zu befestigen, zwei Schnurenden miteinander zu verbinden oder eine Schlaufe zu erstellen. Nachfolgend wird Schritt für Schritt erklärt, wie Sie bei den einzelnen Knoten vorgehen. Nach einiger Übung beherrschen Sie diese im Schlaf; und letztlich sind Bootseigner ja relativ knotenaffin.

8.1 Clinchknoten

Der Clinchknoten ist ein sehr wichtiger Knoten, weil er sich bei fast allem Zubehör anwenden lässt, das einen Ring oder eine Öse besitzt. Er hat, feuchtet man ihn vor dem Zusammenziehen kurz an, eine hohe Knotenfestigkeit und ist recht einfach zu binden. Unterscheiden müssen wir bei ihm nur, ob wir eine monofile oder geflochtene Schnur verknoten; hier gibt es einen kleinen Unterschied.

Der Clinchknoten mit monofiler Schnur (funktioniert bis ca. 0,6 mm):

- Führen Sie zunächst das Ende der Schnur durch die Öse, und ziehen Sie es etwa zehn Zentimeter weit, gern auch etwas weiter
- Mit diesem Ende umwickeln Sie die Hauptschnur nun fünf bis acht Mal
- Das Ende der Schnur fädeln Sie dann von hinten durch die vordere, kleine Schlaufe und anschließend durch die neu entstandene, große Schlaufe
- Das Ganze wird jetzt – am besten mit dem Mund – kurz angefeuchtet und vorsichtig zusammengezogen. Das geschieht mit gleichstarkem Druck

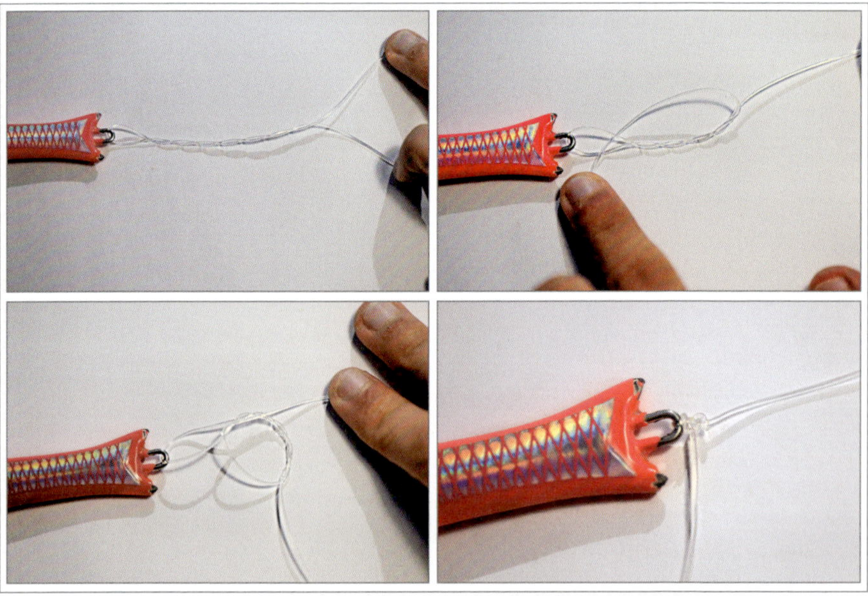

Der Clinchknoten ist der vielleicht wichtigste Knoten für Angler.

mit der linken Hand an der Hauptschnur und mit der rechten am Haken, Wirbel oder Kunstköder
- Das überstehende Ende schneiden Sie so ab, dass noch ein bis zwei Millimeter Schnur übrigbleiben

Achtung: Je dünner die Schnur, desto mehr Wicklungen sollten es sein!

Der Clinchknoten mit geflochtener Schnur:
- Die geflochtene Schnur hält besser, wenn Sie sie doppelt legen. Eine Schlaufe, also die Doppellegung, von rund 20 Zentimeter Länge sollte reichen
- Von diesen 20 Zentimetern ziehen Sie nun die Hälfte durch die Öse. Eine Hand fixiert die Schnur dabei an der Öse
- Wie beim Clinchknoten mit monofiler Schnur wickeln Sie das Schnurende nun fünf bis acht Mal um die Hauptschnur herum
- Auch dann geht es wie gehabt weiter: Stecken Sie das Schnurende von unten durch die kleine Schlaufe, die beim Umwickeln an der Öse entstanden ist
- Feuchten Sie mit dem Mund das bisherige Werk etwas an, und ziehen Sie es vorsichtig zusammen
- Schneiden Sie die Enden der Schnur abschließend ab, lassen Sie aber etwa drei bis vier Millimeter Schnur stehen

8.2 Blutknoten

Mitunter gilt es, beim Angeln zwei Schnurenden miteinander zu verbinden. In diesem Fall ist es unabdingbar, den Blutknoten zu beherrschen. Um ihn zu binden, sollten beide Schnüre im Idealfall einen ähnlichen, womöglich sogar gleichen Durchmesser haben.

- Zum Start legen Sie die beiden Schnurenden, die miteinander verbunden werden sollen, überlappend nebeneinander
- Nun wickeln Sie das ein Schnurende mindestens fünf Mal um das andere, führen es zurück und fixieren es mit einer Hand
- Das Gleiche machen Sie mit dem anderen Schnurende. Zwischen den bei-

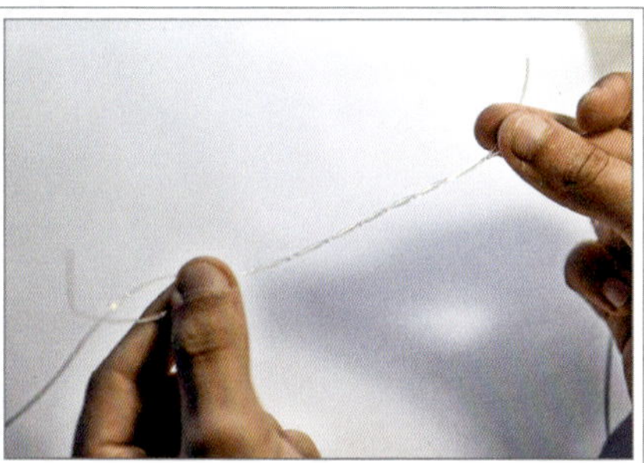
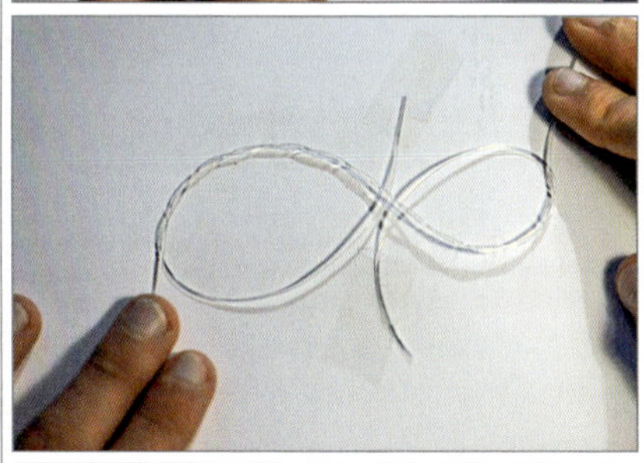
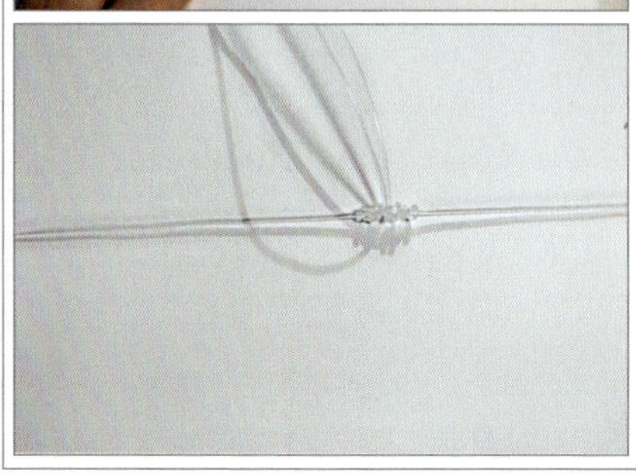

Blutknoten zur Verbindung zweier Schnüre.

den Wicklungen entsteht so ein Zwischenraum, in den das eine Ende von oben und das andere Ende von unten geschoben wird
- Wie eigentlich bei allen Knoten wird auch dieser mit dem Mund etwas angefeuchtet. Zu guter Letzt ziehen Sie ihn vorsichtig fest und schneiden die überstehenden Enden bündig ab

8.3 Schlaufenknoten

Um ein Vorfach selbst binden zu können, sollte man auch den Schlaufenknoten können. Er gehört ebenfalls zum Basiswissen eines Anglers und ist einfach umzusetzen.

- Zunächst sollten Sie sich überlegen, wie groß die Schlaufe eigentlich soll. Dann legen Sie Ihre Schnur doppelt, denn je länger Sie die Schnur legen, desto größer wird am Ende die Schlaufe sein
- Anschließend bilden Sie mit dem doppelten Endstück ein Auge und ziehen die Schlaufe dort mehrfach, jedoch mindestens zwei Mal, hindurch
- Jetzt ziehen Sie nur noch zusammen, fertig ist die durchaus haltbare Schlaufe

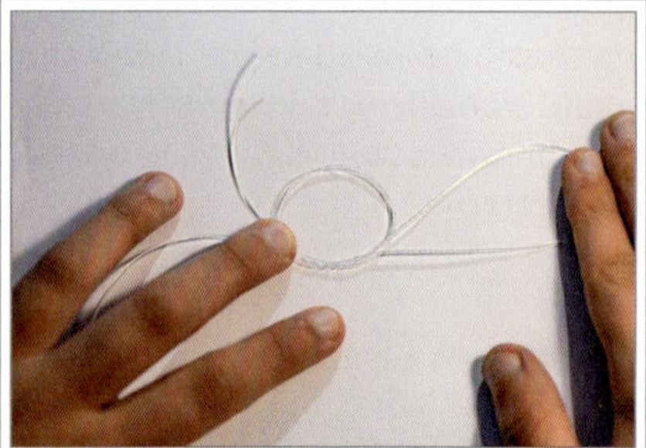

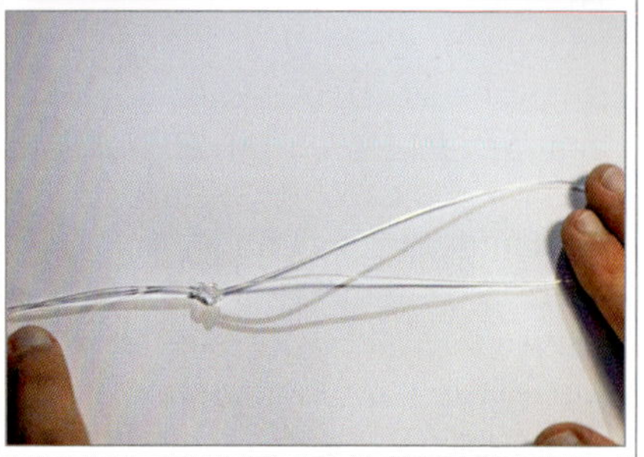

Der einfache Schlaufenknoten.

8.4 Spulenknoten

Wer sich eine neue Angelrolle kauft und sie nicht im Fachhandel bespulen lässt, weil sie vielleicht aus einem Online-Shop stammt oder über eine Gebraucht-Plattform geliefert wird, der muss den Spulenknoten kennen. Damit wird die Schnur auf der Rollenspule befestigt.

- Um die Schnur auf der Spule zu fixieren, wird monofile Schnur zwei bis drei Mal um sie gewickelt, geflochtene Schnur mindestens zehn Mal - sie würde sonst immer wieder rutschen
- Die Hauptschnur und das Ende werden anschließend mit einem ganz normalen Knoten verbunden, der aber noch nicht ganz zugezogen wird
- In das Schnurende wird nun ein weiterer normaler Knoten gebunden, dieser aber schon festgezogen. Er verhindert, dass die Schnur durchrutschen kann
- Im letzten Schritt wird der erste Knoten nun langsam zugezogen und bis zum Spulenkern geschoben. Er zieht sich zusammen und wird durch den zweiten Knoten gestoppt

8.5 Albrightknoten

Auch der Albrightknoten ist, wie der Blutknoten, sehr gut dafür geeignet, zwei Schnurenden miteinander zu verbinden. Er ist sehr leicht zu binden, besitzt eine hohe Tragkraft und kommt vor allem zum Einsatz, wenn Sie monofile und geflochtene Schnur in unterschiedlichen Stärken zusammenführen möchten.

- Zunächst bilden Sie mit der stärkeren Schnur eine Schlaufe, die etwa zehn Zentimeter lang ist
- Führen Sie das Ende der dünneren Schnur durch diese Schlaufe, und ziehen Sie sie zehn Zentimeter weit
- Nun führen Sie die dünnere Schnur zurück und umwickeln mit ihr die dickere Schnur. Diese Wicklungen beginnen am Schlaufenende
- Die dünnere Schnur wird nun in Richtung des Schlaufenauges mit der dünneren Schnur etwa zehn Mal umwickelt
- Anschließend wird das Ende der dünnen Schnur durch das Auge gesteckt und festgezogen. Auch hier wird der Knoten vor dem Zusammenziehen befeuchtet
- Die überstehenden Enden werden zum Schluss bündig abgeschnitten

8.6 Springerknoten

Der Springerknoten ist ein guter Knoten, um Seitenarme für Beifänger zu erstellen. Auch ein ganzes Paternoster-System kann man mit etwas Geschick und Übung selbst binden. Wenn man die Schlaufe des Springerknotes auftrennt, erhält man einen längeren Seitenarm.

- Das Binden beginnt mit dem Legen einer einfachen Schlaufe. Wie groß diese sein muss, entscheiden Sie selbst. Einige Trockenübungen sollten Sie machen, um ein Gefühl dafür zu bekommen, mit welcher

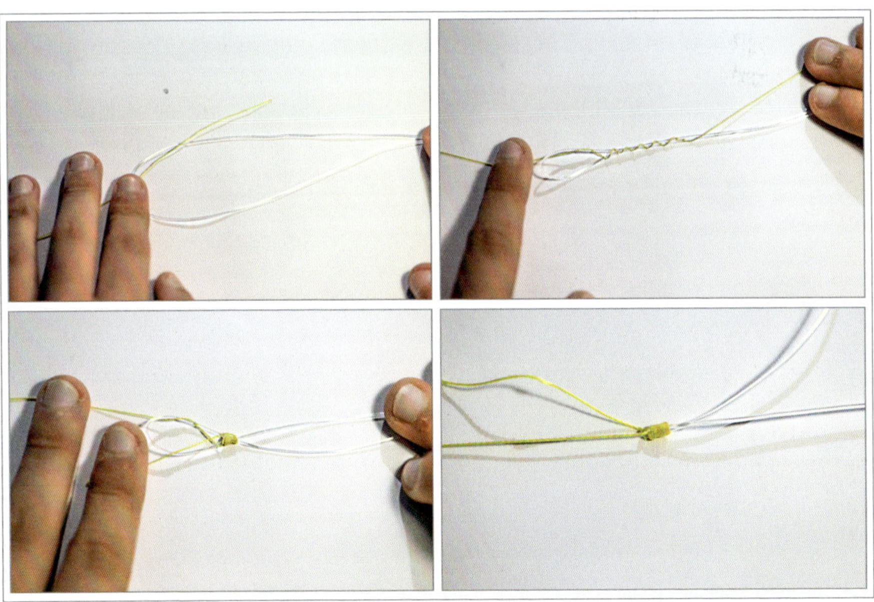

Der Albrightknoten verbindet monofile und geflochtene Schnüre.

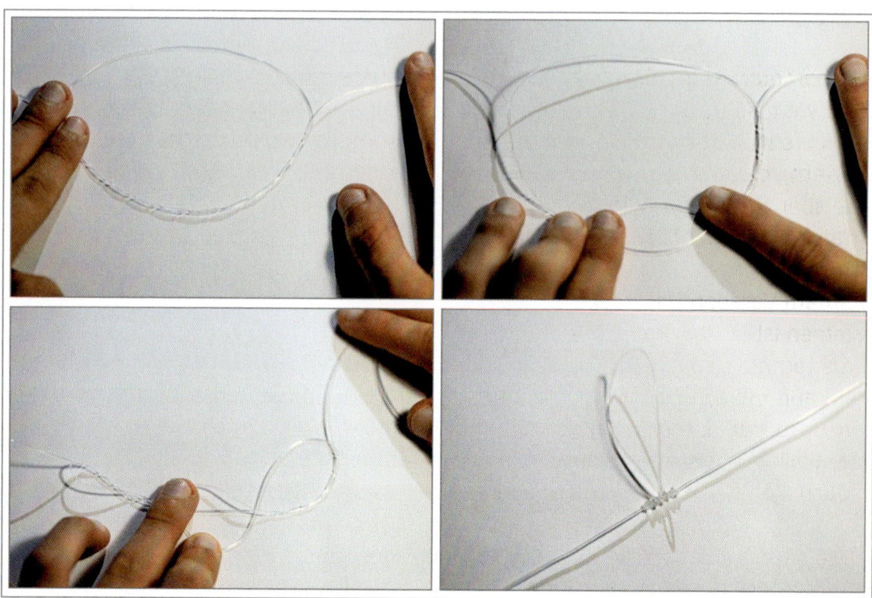

Der Springerknoten ist für Beifänger wichtig.

Schlaufengröße Sie welchen Seitenarm schaffen

- Wickeln Sie das lockere Schnurende nun rund zehn Mal um die offene Schlaufe
- In der Mitte der Wicklungen ziehen Sie diese nun etwas auseinander, sodass eine kleine Schnuröse entsteht. Dadurch ziehen Sie das obere Ende der Schlaufe
- Etwas angefeuchtet, ziehen Sie das Ganze nun vorsichtig zusammen. Wichtig ist, dass die Schlaufe in der Mitte der Wicklungen durchgezogen wird!

9 Wie fange ich vom Ufer?

Nicht immer ist es möglich, mit dem Boot weit hinauszufahren. Wenn man im Vorfeld weiß, dass Schlechtwetter aufzieht, bleibt man besser zuhause. Was aber, wenn man mit dem Boot auf einem längeren Törn unterwegs ist oder am Morgen nach der späten Ankunft am Vorabend, starker Wind aufgekommen ist? In solchen Fällen muss der Angeltag nicht ins Wasser fallen, denn von Land oder selbst aus dem Cockpit von Bord aus, lassen sich Fische fangen. Warum sonst werden Molen oder Seebrücken an manchen Tagen von Anglern stark bevölkert? Sie ragen halt recht weit ins Meer hinein, sodass keine Brandungsruten oder Weitwurfkünste gefragt sind, um seinen Köder dicht am Fisch zu platzieren. Auch Hafenbecken, sofern das Angeln in ihnen erlaubt ist, bieten gute Chancen auf Aal, Aalmutter und Plattfisch. Gefangen wird in Hafennähe übrigens das ganze Jahr über, da je nach Jahreszeit andere Arten gerade »Saison« haben.

Wie gehen wir die Sache nun aber an, wenn der Angeltag auf dem Wasser

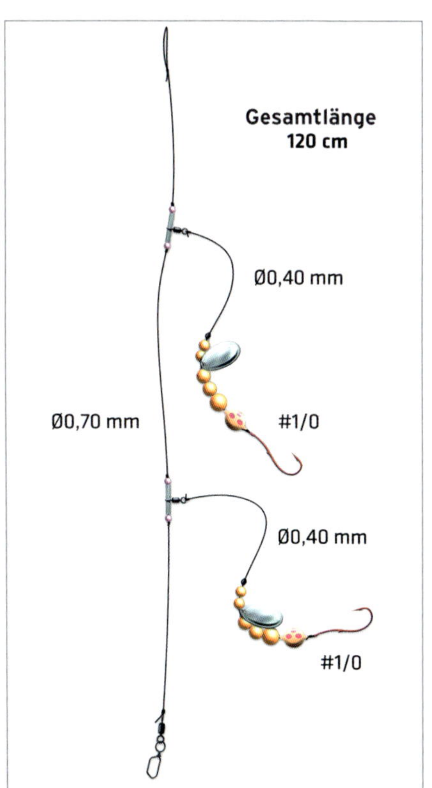

Plattfischvorfach mit maximaler Hakengröße.

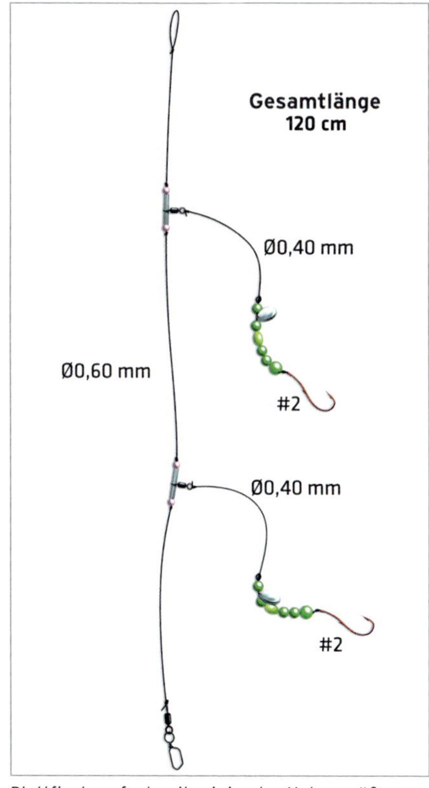

Plattfischvorfach mit minimaler Hakengröße.

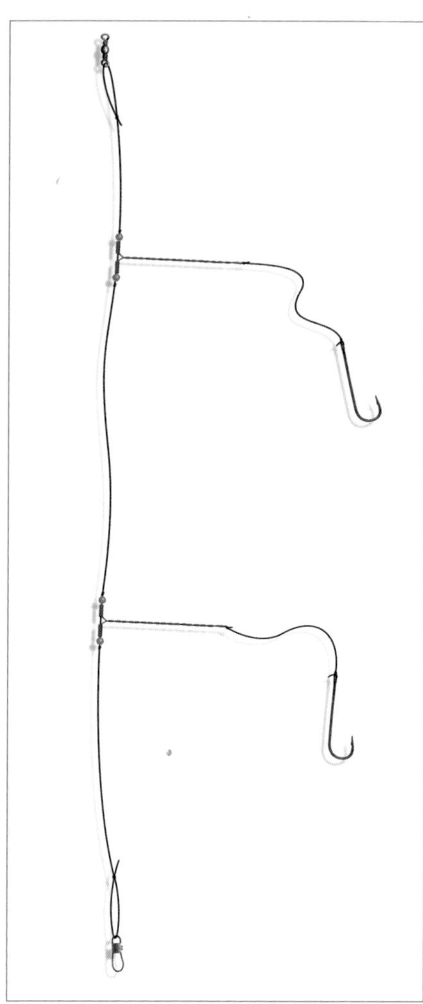

Einfaches, aber oft sehr fängiges Vorfach.

quasi vom Winde verweht wird? Die erste gute Nachricht: In dem aufgewühlten Wasser sind Fische unterwegs, da reichlich Nahrung freigespült wird. Und da sich diese Nahrung schnell wieder entfernen kann, schnappen die Fische recht munter zu und sind nicht allzu zaghaft. Unsere herkömmliche Ausrüstung, die wir zum Bootsangeln benutzen, können wir problemlos von der Mole verwenden, da ja nur Würfe zwischen 20 und 30 Meter nötig sind. Ans Ende der Schnur hängen wir ein Plattfischvorfach, wovon wir idealerweise solche für das Brandungsangeln an Bord haben. Das wäre auf jeden Fall eine gute Investition für solche Tage. Kaufen Sie ein paar Vorfächer mit zwei Seitenarmen und packen diese zusammen mit einigen Bleien zwischen 80 und 120 Gramm Gewicht (gern mit Noppen oder Krallen für besseren Halt am Grund) in eine Plastiktüte, und stauen Sie sie irgendwo auf dem Boot. Damit und mit einigen Watt- oder Seeringelwürmern - alternativ Garnelen oder Fetzenködern - suchen wir uns auf der Mole einen netten Platz. Nicht immer ist der Molenkopf der beste Spot, mitunter ist es auch der Bereich, wo die Mole einen Knick macht. In jedem Fall halten Sie genügend Abstand von anderen Anglern, falls überhaupt welche da sind.

Die Rute muss gut platziert werden; entweder verkeilen Sie sie zwischen Steinen (nur mit dem Griff) oder stellen Sie gegen die Mauer der Mole. Hier kann der Blank, also der »Körper« der Rute, allerdings Schaden nehmen, wenn er zu oft dagegen schlägt. Selbst kleine Beschädigungen können große Auswirkungen haben und für späteren Bruch sorgen. Schauen Sie also nach einem geeigneten Plätzchen; mitunter kann auch ein Kleidungsstück für die nötige Dämpfung sorgen. Nach dem Auswurf stellen Sie die Rute möglichst senkrecht auf, kurbeln so viel Schnur ein, dass ein kleiner Zug auf die Spitze entsteht, und beobachten diese dann fortwährend. Dazu gehört ein wenig Übung, da auch der Wind, der ja der Grund für

unser »Landabenteuer« ist, die Spitze zum Wackeln bringt. Wie schon erwähnt, beißen die Fische unter solchen Bedingungen aber nicht eben vorsichtig, sodass Sie einen Biss recht schnell erkennen werden – die Spitze tippt und zuckt dabei in Richtung Wasseroberfläche. Jetzt nehmen wir die Rute zur Hand und schlagen an. Unter stetem Zug kurbeln wir den Fisch nun ein und versuchen ihn vorsichtig auf die Mole zu heben. Bei kleineren Exemplaren ist das kein Problem, bei größeren müssen wir mit unserem doch vermeintlich leichten Gerät umsichtig vorgehen. Zappelt der Bursche an der Wasseroberfläche, versucht man ihn am besten mit der Schnur in der Hand nach oben zu hieven.
Haben Sie zwei Ruten parat, werfen Sie am besten eine etwas weiter aus und platzieren die zweite dichter an der Mole. Ob das Blei jeweils schwer genug ist, merken Sie, wenn die Montage auf »Wanderschaft« geht und die Rutenspitze nicht auf Spannung bleibt. Welche Mole besser ist, muss man ausprobieren. Normalerweise sollten sich dort mehr Fische aufhalten, wo der Wind draufsteht. Beißt hier nichts, kann es sich lohnen, auf die andere Seite zu wechseln. Im Hafen selbst ist das Angeln oftmals eingeschränkt. Wo dies nicht der Fall ist, kann man selbstverständlich etwas leichtere Bleie nutzen und die Ruten beispielsweise auf einem großen Poller ablegen.

An und vor Molen oder Seebrücken beißen an den deutschen und dänischen Nord- und Ostseeküsten vor allem Plattfische, Aalmuttern, in guten Jahren auch Dorsche und saisonbedingt Makrelen, Hornhechte und Heringe. Meerforellen ziehen hier ebenfalls ihre Kreise, gehen jedoch seltener an den Haken. Bei viel Wind empfiehlt sich die oben beschriebene Methode für Plattfische, Aale und Aalmutter. Wem jedoch abends oder am späten Nachmittag der Sinn nach ein paar Würfen steht, der kann im Frühjahr, Sommer und Herbst Makrelen, Heringe, Wolfsbarsche, Hornhechte, Meerforellen oder vor Rügen selbst Barsche und Hechte erwischen. Dafür sollten Sie allerdings in eine etwas leichtere Ausrüstung investieren. Eine Spinnrute in 2,7 bis 3 Meter Länge und ein Wurfgewicht zwischen 10 und 40 Gramm sind eine gute Wahl. Daran wird eine Rolle der Größe 2500 oder 3000 montiert, die Spule ist dabei mit 0,25 Millimeter starker Monofiler gefüllt. Meerforellenblinker in verschiedenen Farben und Größen dienen als Köder. Kaufen Sie sie in Gewichten zwischen 15 und 30 Gramm und in den gängigen Farben, die Sie vom Pilken und Gummifischangeln schon kennen – Silber, Kupfer, Silber-Blau, Silber-Grün und vielleicht auch Gelb-Rot. Der Blinker wird nun so weit wie möglich ausgeworfen. Lassen Sie ihn nach dem Auftreffen auf die Wasseroberfläche etwas absinken, und holen Sie dann recht zügig die Schnur ein. Kleine Pausen oder ein Rucken mit der Rute lassen den Blinker zwischendurch andere Bewegungen machen und täuschen vor, dass hier ein kranker Beutefisch durchs Wasser zuckelt. Beißt eine Zeitlang nichts, gilt es, mit dem Einholtempo, der Köderfarbe oder dem Angelplatz zu variieren. Beißt gar nichts, geht es zurück an Bord – Zeit für ein Kaltgetränk. Denn auch Fische haben nicht immer Hunger.

10 Was mache ich mit dem Fang?

Fischfleisch ist gesund und schmeckt, fangfrisch serviert, einfach hervorragend. Selbst eingefleischte Fischmuffel sind oft überrascht, wie wohlschmeckend Fisch sein kann, wenn er nur frisch genug ist. Das liegt daran, dass viele Fischarten ihren Wohlgeschmack nur dann offenbaren, wenn sie wenige Stunden nach dem Fang verzehrt werden. Das trifft insbesondere auf eher fettige Fische wie Heringe, Sardinen, Makrelen, Hornhechte oder Aale zu. Werden sie nämlich zu lange gelagert, zersetzt sich das Muskelgewebe und das Fleisch nimmt einen eher faden Geschmack an. Auch Thunfischartige schmecken völlig anders, wenn sie direkt nach dem Fang zubereitet werden. Ihr Fleisch ist gut durchblutet und muskulös, schmeckt dann eher wie Kalbsfleisch und wird auch als Sushi verarbeitet.

Nur Fische mit sehr geringem Fettgehalt – sogenannte Magerfische – profitieren geschmacklich davon, wenn sie nach dem Fang »hängen«, also mindestens eine Nacht lang lagern, bis ihr Fleisch weiß und fest geworden ist.

Selbstverständlich hängt der Wohlgeschmack eines Fisches auch davon ab, wie er verwertet und schließlich zubereitet wurde. Auf den folgenden Seiten erfahren Sie daher die wichtigsten Grundlagen zur Verwertung und Zubereitung von frisch gefangenem Fisch.

10.1 Fangen und sofort verarbeiten

Um den optimalen Geschmack Ihres gefangenen Fisches zu erhalten, sollten Sie ihn gleich nach dem Fang betäuben und töten. Wissenschaftliche Untersuchungen ergaben, dass sich im Gewebe von Fischen, die dem Stress eines langen Todeskampfes ausgesetzt waren, Stoffe befinden, die den Geschmack negativ beeinflussen. Fische, die im großen Stil gefangen wurden und über lange Zeit in einem Schleppnetz verenden, werden daher nie so gut schmecken, wie der frisch gefangene und sofort waidgerecht getötete Fang eines Anglers.

Um die Qualität des Fischfleisches weiter zu verbessern, ist angeraten, Ihren Fang zu kehlen und ausbluten zu lassen. Dies führt dazu, dass das Fleisch rein und hell bleibt und sich länger frisch hält. Bei vielen Fischen – etwa bei Hering, Hornhecht, Wolfsbarsch, Meeräsche und Wittling – ist es zunächst erforderlich, die Schuppen zu entfernen. Dafür gibt es spezielle Werkzeuge, die sich Schupper nennen.

Der nächste Schritt ist das Ausweiden des Fisches. Auch dies sollte so schnell wie möglich nach dem Fang erfolgen. Gehen Sie dabei wie folgt vor: Öffnen Sie die Leibeshöhle vom Waidloch her. Passen Sie dabei auf, die inneren Organe nicht zu verletzen, denn die darin enthaltenen Säuren und Fermente können auslaufen und den Geschmack des Gewebes verfälschen. Lösen Sie die Innereien am besten mit den Händen aus dem Fisch. Vergessen Sie dabei auf keinen Fall die Niere. Die liegt meist etwas versteckt unter einem Häutchen direkt unter der Wirbelsäule und wird als Allerletztes entfernt. Es gibt spezielle Bürsten, mit denen sowohl das Häutchen als auch die Nierensubstanz aus dem Körper des Fisches gelöst werden können.

Der letzte Schritt der Verarbeitung Ihres Fisches ist das Filetieren, wenn Sie den Fisch braten möchten. Ziel dabei ist, ein Stück Fleisch zu erhalten, das möglichst frei von Gräten ist. In der Regel, insbesondere bei größeren Exemplaren wie Dorschen, Makrelen, Köhlern oder Wittlingen, werden dazu nur die Flanken des Fisches verwendet. Achten Sie beim Filetieren auf Anzeichen eines Parasitenbefalls des Fisches. Halten Sie das Filet gegen eine Lichtquelle, und suchen Sie nach kleinen weißen Würmern im Bauchgewebe des Fleisches. Diese Wurmparasiten, auch Nematoden genannt, können in allen Seefischen vorkommen, befallen aber mit Vorliebe Makrelen, Heringe und Dorsche. Für den Menschen gefährlich können vor allem der Heringswurm und der Kabeljauwurm sein. Gelangen diese Nematoden lebend in den menschlichen Darm, können sie geschwürähnliche Prozesse (Anisakiasis) verursachen. Um die Wurmparasiten abzutöten, kann das Fischfleisch entweder tiefgefroren (auf -20 °C innerhalb von 12 Stunden) oder durch Kochen oder Braten auf mindestens 70 °C erhitzt werden.

10.2 Filetieren wie ein Profi

Schritt 1:
Legen Sie Ihren Fang auf eine ebene Unterlage. Entfernen Sie nun zunächst den Kopf, indem Sie das Messer zunächst direkt hinter den Kiemen ansetzen und schräg bis zur Mittelgräte einschneiden. Wenden Sie den Fisch, und setzen Sie den gleichen Schnitt auf der anderen Seite, schneiden Sie dabei jedoch so durch die Mittelgräte, dass sich der Kopf löst.

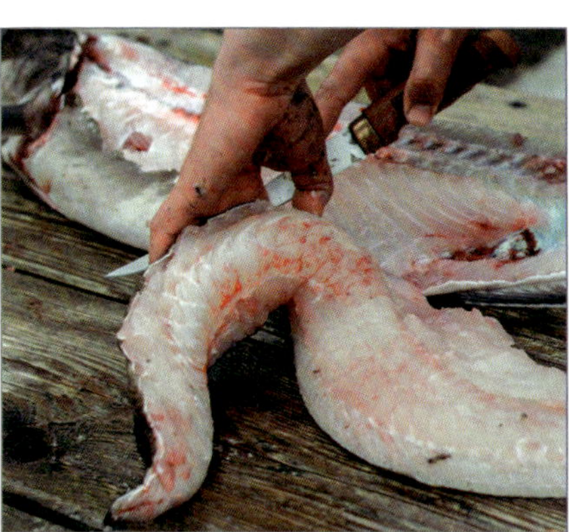

Zum Filetieren gehören Übung und scharfe Messer.

Schritt 2:
Den Fisch halbieren – setzen Sie das Messer am Kopfende des Fisches an, und schneiden Sie entlang der großen Mittelgräte. Halten Sie dabei die Klinge des Messers immer leicht in Richtung der Mittelgräte geneigt. Schneiden Sie in einem Arbeitsschritt bis zum Schwanzende durch, und bewegen Sie dabei das Messer mit leichtem Druck vor und zurück, bis Sie eine schön gleichmäßige Fischhälfte abgelöst haben. Drehen Sie den Fisch um, und wiederholen Sie den Vorgang auf der anderen Seite.

Schritt 3:
Entfernen Sie nun die Flossen, den Schwanz und das Fett am Rand Ihrer Filetstücke.

Schritt 4:
Entfernen Sie die Bauchlappenhaut, die sich unterhalb der Mittelgräte befindet.

Schritt 5:
Legen Sie nun die beiden Hälften nebeneinander, und ziehen Sie mit

einer Pinzette die einzelnen Gräten heraus. Streichen Sie zwischendurch mit den Fingern entgegen der Faserung des Fleisches – so lassen sich einzelne Gräten gut ertasten.

Schritt 6:
Wenn Sie die Fischhaut nicht mitessen möchten, entfernen Sie auch diese, indem Sie dicht am Schwanzende des Filets einen Schnitt von der Fleischseite bis auf die Haut durchführen. Kippen Sie das Messer leicht in Richtung Kopfende, und führen Sie den Schnitt auf der Hautseite vorsichtig fort. Achten Sie darauf, das Messer dabei möglichst flach zu halten.

Zum Filetieren gehört etwas Übung. Mit dem richtigen Messer (siehe Angelgerät) ist das jedoch kein Hexenwerk. Mit der Zeit entwickeln Sie Ihren eigenen Rhythmus dabei. Und auch nach Tausenden filetierten Fische gelingen manche Filets besser als andere.

10.3 Kühl und trocken lagern

Nach dem gründlichen Ausweiden und Filetieren des Fisches waschen Sie die Filets im salzigen Meerwasser. Nach dem Waschen sollten Sie Ihren Fang trocknen. Legen Sie das Fleisch auf Saugpapier oder Tücher und schneiden Sie sie dann in Stücke. Folie oder sicher verschließbare Gefrierbeutel eignen sich zur anschließenden Verpackung. Tipp: Wenn Sie gut gefangen haben und große Mengen Fisch aufbewahren möchten, beschriften Sie die Beutel mit dem Einlagerungsdatum. Um das Fleisch zu kühlen, verpacken Sie Eis in ebenfalls wasserdichte Beutel. Der bereits verpackte Fisch sollte keinesfalls erneut nass werden, denn Feuchtigkeit ist eine günstige Bedingung für Fäulnisbakterien. Frieren Sie aus dem gleichen Grund einmal aufgetautes Fleisch nicht erneut ein.

10.4 Zubereitung

Bevor Sie Ihren Fisch zubereiten, sollten Sie das Fleisch in jedem Fall noch einmal säubern, dann säuern und schließlich salzen.
Säubern Sie das Fischfleisch zunächst, und spülen Sie es unter fließendem Wasser ab. Trocknen Sie den Fisch danach auf trockenen Tüchern oder Saugpapier. Dann säuern Sie den Fisch, indem Sie ihn von allen Seiten mit Zitronensaft oder Essig beträufeln. Gehen Sie mit Zitronensaft ruhig großzügig um, während Sie mit Essig sparsam sein sollten. Das Fleisch sollte dabei nicht im »Säurebad« liegen. Lassen Sie es abtropfen und etwa zehn Minuten ruhen. Trocknen Sie den Fisch erneut, und salzen Sie ihn im Anschluss mit feinem Streusalz. Die Menge an Salz richtet sich danach, wie dick das Filet ist und wie Sie das Fleisch zubereiten wollen. Je dicker das Stück, desto stärker sollten Sie salzen. Haben Sie vor, den Fisch zu kochen oder zu dünsten, können Sie mit dem Salz großzügig umgehen. Steht gebratener oder heißgeräucherter Fisch auf der Speisekarte, salzen Sie etwas sparsamer. Möchten Sie den Fisch kalträuchern, müssen Sie ihn vorher in Salzlake ziehen lassen.
Der Hintergrund dieses Vorgehens, das auch die »3-S-Methode« genannt wird, ist folgender: Durch das Säuern des Fleisches werden Geruchsstoffe beseitigt, während das Salzen das Fleisch festigt. Das sorgt dafür, dass das Fleisch nicht riecht und bestens schmeckt.

Rezepte

SCHOLLE NACH FINKENWERDER ART

Traditionelle Hamburger Zubereitungsart der Scholle (Für 2 Personen)

Zutaten:

- 2 küchenfertige Schollen(filets)
- 500 g festkochende Kartoffeln
- 2 kleine Zwiebeln
- 75 g geräucherter durchwachsener Speck
- 1 Zitrone
- Pfeffer
- Salz
- Mehl zum Wenden (50 g)
- 50 g Butter
- 6 Stiele Petersilie

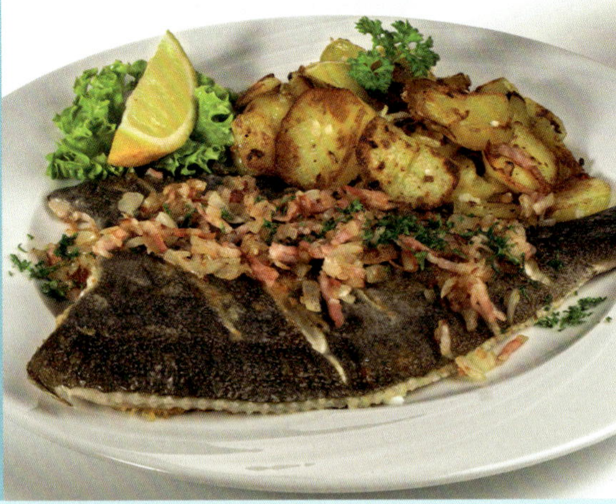

So geht's:

1. Schollenfilets mit Zitronensaft beträufeln und 10 Minuten ziehen lassen. Inzwischen Speck würfeln, Zwiebeln in feine Ringe schneiden, Kartoffeln schälen, waschen und in kochendem Salzwasser 20 Minuten garen.

2. Speck in der Pfanne bei mittlerer Hitze auslassen, aus der Pfanne nehmen und zur Seite stellen. Zwiebelringe im Speckfett goldgelb anbraten und zu den Speckwürfeln geben.

3. Schollen trockentupfen und mit Salz und Pfeffer würzen. Mehl auf einen Teller geben und die Schollen darin wenden. Dann den Fisch bei mittlerer Hitze im restlichen Speckfett von jeder Seite 3-4 Minuten braten. Sollte das Speckfett nicht ausreichen, 30 g Butter in die Pfanne geben.

4. Kurz bevor der Fisch gar ist, Speck und Zwiebeln zur Scholle geben und erhitzen. Währenddessen Petersilie waschen, trocknen und kleinhacken. Dabei ein wenig Petersilie zum Garnieren übriglassen. Kartoffeln abgießen und ausdampfen lassen.

5. Den Rest der Butter zu den Kartoffeln geben und schmelzen lassen, dann gehackte Petersilie dazugeben und durchschwenken. Schollen, Speck und Zwiebeln sowie die Kartoffeln anrichten. Mit Petersilie garnieren.

MEERFORELLE IN ZITRONENBUTTER

Sehr einfaches Rezept für ein leckeres und bekömmliches Mittagessen (Für 2 Pers.)

Zutaten:
- 2 Meerforellen-Filets (jeweils ca. 300 g)
- Butter
- 1 Zitrone
- Pfeffer
- Fleur de Sel
- 2 Zweige frischer Rosmarin
- 500 g festkochende Kartoffeln

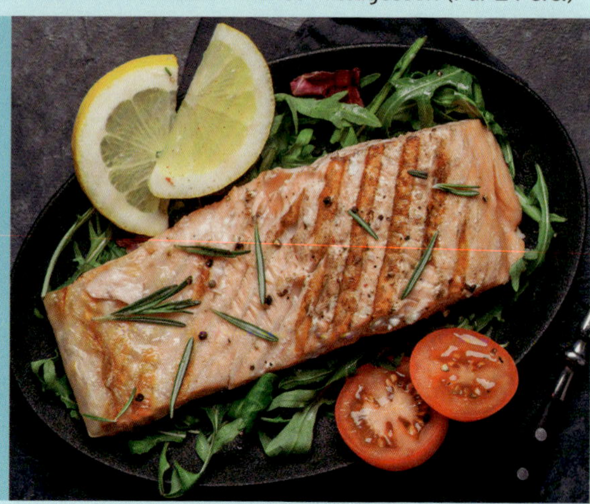

So geht's:

1. Kartoffeln schälen und in Salzwasser kochen, bis sie gar sind.

2. Zitrone halbieren und eine Hälfte gründlich auspressen. Ein großzügiges Stück Butter in einer Pfanne zerlassen und den Zitronensaft hinzugießen. Meerforellen-Filets mit Pfeffer und etwas Fleur de Sel würzen, dann mit der Haut zuerst in die heiße Butter legen. Hitze etwas reduzieren und Filets ca. 5 Minuten auf der Hautseite braten.

3. Eine weitere Pfanne mit Butter erhitzen. Den frischen Rosmarin von den Zweigen streifen und in die Butter geben. Kartoffeln hinzugeben und von allen Seiten hellbraun anbraten.

4. Die Filets wenden und weitere 5 Minuten auf der anderen Seite braten.

5. Kartoffeln und Filets anrichten, dazu passt ein frischer Gurken-Dill-Salat.

TOSCANA-DORSCH

Gebratene Dorschfilets nach mediterraner Art (Für 2 Personen)

Zutaten:

- 2 Dorschfilets
- 1 Stange Lauch
- 5 Tomaten
- 1 Zwiebel
- 1/8 Liter Weißwein
- Knoblauch
- Salz
- Pfeffer
- Kräuter nach Geschmack
- Mehl
- Butter

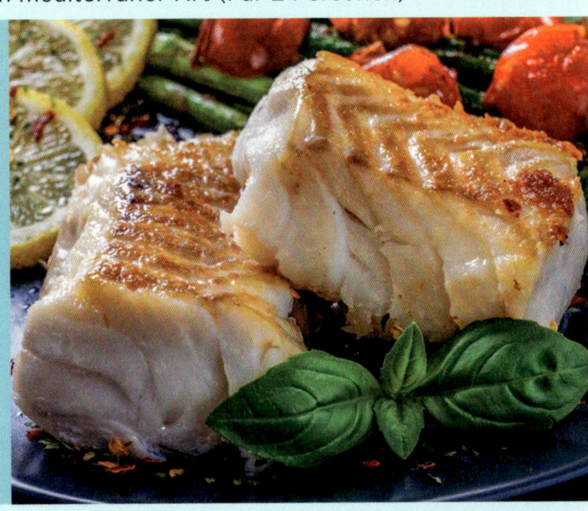

So geht's:

1. Lauch waschen und in Ringe schneiden, Tomaten in 1/8-Stücke schneiden. Zwiebeln schälen und klein hacken.
2. Öl in einer Pfanne erhitzen. Die Zwiebeln andünsten, dann die Tomaten und den Lauch hinzugeben und alles leicht anschwitzen. Mit dem Wein ablöschen und langsam einköcheln lassen. Mit Kräutern und Gewürzen abschmecken.
3. Die Dorschfilets salzen und in Mehl wenden. Pfanne erhitzen, Butter hineingeben und schmelzen lassen. Die Filets in der Butter braten, bis sie goldbraun sind.
4. Tomaten-Lauch-Gemüse auf einen Teller geben und Dorschfilets darauf anrichten. Dazu passen Kräuterkartoffeln und ein grüner Salat.

Dies sind nur drei Beispiel-Rezepte. Hunderte weitere finden Sie in einschlägigen Kochbüchern oder auf speziellen Webseiten.

11 Wie verhalte ich mich korrekt?

Hinter dem Begriff Fischwaidgerechtigkeit verbirgt sich eine Reihe von Regeln für das Fangen und Töten von Fischen, die hierzulande gelten. Diese Regeln sind in unserem Tierschutzgesetz verankert und verbindlich für jeden, der innerhalb der Bundesrepublik Deutschland Fische fangen möchte. Die Quintessenz aus diesem Regelwerk lautet wie folgt: Sowohl beim Fischfang als auch bei allen anderen Arten der Jagd gilt es, dem Tier so wenig Leid und Schaden zuzufügen wie möglich – und das auch nur, wenn es einen vernünftigen Grund dafür gibt.

Doch was heißt das? Wer Fische fängt, um sie anschließend zu verzehren, hat einen legitimen Grund zum Fischfang. Auch die Verwertung als Köder für den Fang weiterer Fische ist erlaubt. Angreifbar macht sich dagegen, wer Fische nur zum Spaß fängt, um sie dann wieder ins Wasser zu werfen. Dabei ist es egal, ob die Tiere lebendig zurück in die See gegeben oder vorher getötet werden. Angeln bloß um des Angelns Willen ist in Deutschland nicht erlaubt, es sei denn, dass damit Hegemaßnahmen einhergehen.

Doch auch mit gutem Grund sind Angler in der Pflicht, den gefangenen Fischen unnötige Leiden zu ersparen. Zu den Dingen, auf die Angler achten müssen, gehört etwa die Wahl der Schnurstärke, die zügige Landung sowie die korrekte Versorgung des Fisches an Bord.
Wer auf der sicheren Seite sein möchte, greift demnach zu einer etwas dickeren Schnur. Für ein waidgerechtes Angeln sollte man am besten stets rostende Angelhaken wählen. Sollten diese einmal abreißen und in einem Fisch »hängenbleiben«, können sie korrodieren und schließlich einfach herausfallen.
Die Landung – also das »An-Bord-Holen« – des Fisches lässt sich am besten mit einem Kescher bewerkstelligen und sollte möglichst zügig erfolgen. Sehr kleine Fische können Sie in der Regel auch an der Angelleine aus dem Wasser holen, während Gaffs, also Landehaken, nur bei Fischen eingesetzt wird, die zu groß für den Kescher sind.
Befindet sich der Fang an Bord, gilt es, ihn schnell und waidgerecht zu versorgen. Zunächst muss man entscheiden, ob die Beute verwertet oder zurück ins Wasser gesetzt werden soll, beispielsweise, weil das Mindestmaß nicht erreicht wurde. Zu kleine Fische etwa greift man mit nassen Händen, um die schützende Schleimschicht des Tieres nicht zu schädigen, dann löst man vorsichtig den Haken und setzt den Fisch behutsam zurück ins Wasser. Werfen Sie niemals einen Fisch zurück ins Wasser; das kann zu inneren Verletzungen führen und die Schwimmblase zum Platzen bringen, was letztendlich tödlich für das Tier wäre.

Hat ein gefangener Fisch den Haken zu tief geschluckt, um ihn einfach herauszuholen, schneidet man die Leine ab und betäubt und tötet den Fisch; den Haken lebendig herauszuholen, wäre eine äußerst schmerzhafte Prozedur für das Tier. Tief geschluckte Haken sind oft eine Folge von mangelnder Aufmerksamkeit – ein Grundsatz für das waidgerechte Fischen lautet daher, Angeln nie unbeaufsichtigt zu lassen.

Fische, die verwertet werden sollen, keiner Schonung unterliegen und das gesetzliche Mindestmaß aufweisen, betäubt man zuallererst mit einem Schlagstock durch einen Schlag auf die Kopfoberseite. Gleich im Anschluss wird das Tier durch einen Stich ins Herz getötet. Dabei setzt man das Messer bauchseitig zwischen den Brustflossen an und sticht tief ein.

Bildverzeichnis

Andreas/stock.adobe.com: 72
aquapix/stock.adobe.com: 53
bobmachee/stock.adobe.com: 47
breakingthewalls/stock.adobe.com: 41 o.r.
coxy58/stock.adobe.com: 41 o.l.
crowlover/stock.adobe.com: 91
Daniel_Fröhlich/stock.adobe.com: 68
DanliePhoto/stock.adobe.com: 45
divedog/stock.adobe.com: 42
ExQuisine/stock.adobe.com: 93
gna60/stock.adobe.com: 54
Heiko/stock.adobe.com: 32
HPE/stock.adobe.com: 33 u.
iStock/Getty Images: 95
Jan_Rose/stock.adobe.com: 43 u.
karandaev/stock.adobe.com: 94
Klaus_Strempel/stock.adobe.com: 52
Lars_Gieger/stock.adobe.com: 44, 48 u.
LegusPic/stock.adobe.com: 67
Leonid_Andronov/stock.adobe.com: 74
Marco2811/stock.adobe.com: 8
Marcus Krall: 82, 83, 84, 85, 86
mihtiander/Getty Images: Titelseite o.
Monty_Rakusen/Getty Images: 46 r.
naturfreak2016/stock.adobe.com: 48 o.
panimo/stock.adobe.com: 34
parallel_dream/stock.adobe.com: 38
perceptionfilter/stock.adobe.com: 46 l.
piepette/stock.adobe.com: 33 o.
Piotr_Wawrzyniuk/stock.adobe.com: 41 u., 62, 63
RCphoto/stock.adobe.com: 76
Rostislav/stock.adobe.com: 51
Ryds: 77
slowmotiongli/stock.adobe.com: 49
TERHI: 78
Thomas_Reimer/stock.adobe.com: 69
Vladimir Wrangel/stock.adobe.com: Titelseite u.r., 36
Whyona/stock.adobe.com: 39
Witold Krasowski/stock.adobe.com: 43 o.
Zebco Europe GmbH: Titelseite u.M., Titelrückseite (3), 13, 14, 15, 17, 18, 19, 20, 21, 22, 23, 24, 25, 26, 27, 28, 29, 30, 57, 58, 59, 60, 61 o.+u., 64, 65, 80 (4x), 87, 88

Stichwortverzeichnis

PRAXISTIPPS

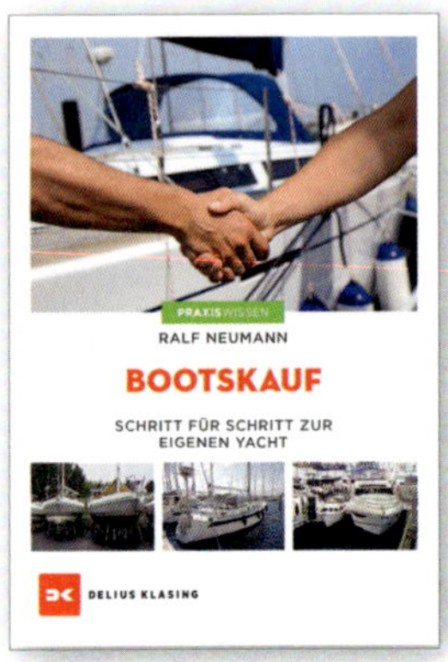

Ralf Neumann
Bootskauf
ISBN 978-3-667-10910-1

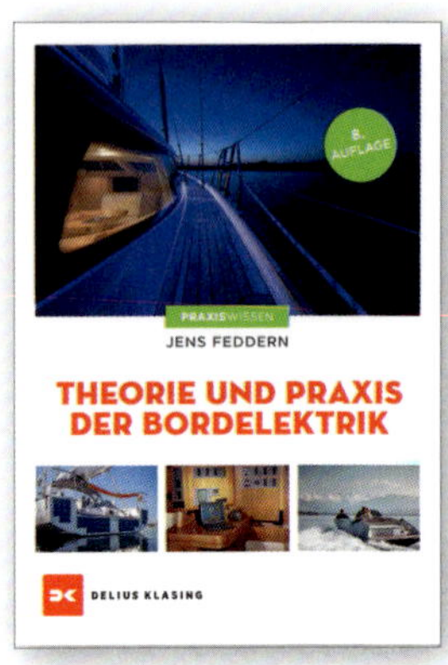

Jens Feddern
Theorie und Praxis der Bordelektrik
ISBN 978-3-667-12384-8

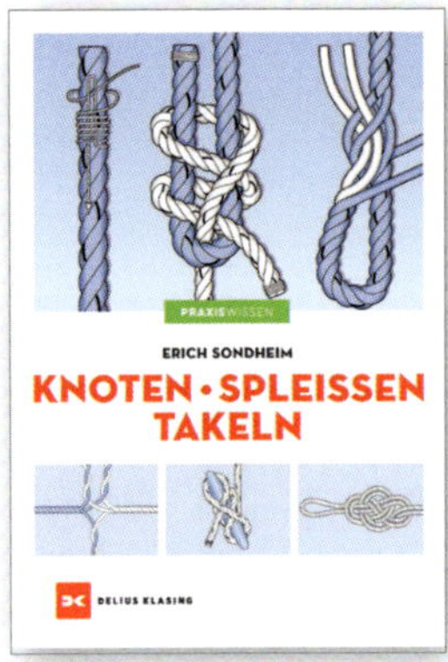

Erich Sondheim
Knoten – Spleissen – Takeln
ISBN 978-3-667-12013-7

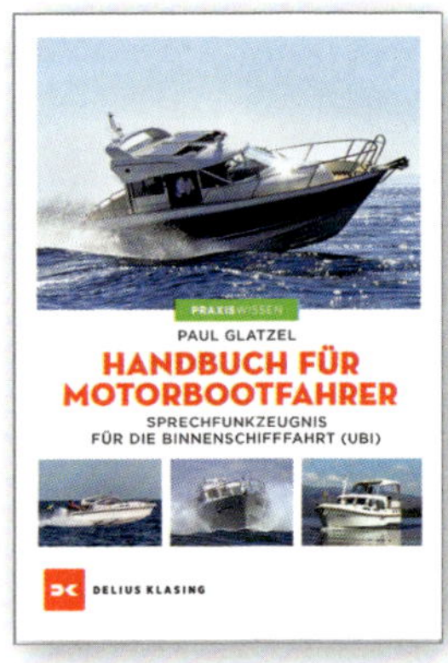

Paul Glatzel
Handbuch für Motorbootfahrer
ISBN 978-3-667-11388-7

PRAXISTIPPS

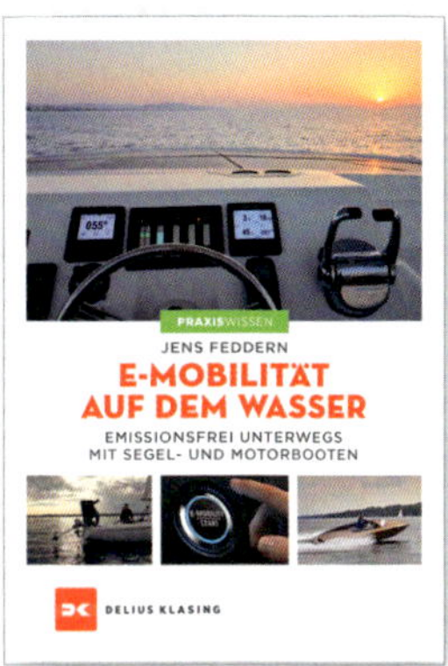

Jens Feddern
E-Mobilität auf dem Wasser
ISBN 978-3-667-12366-4

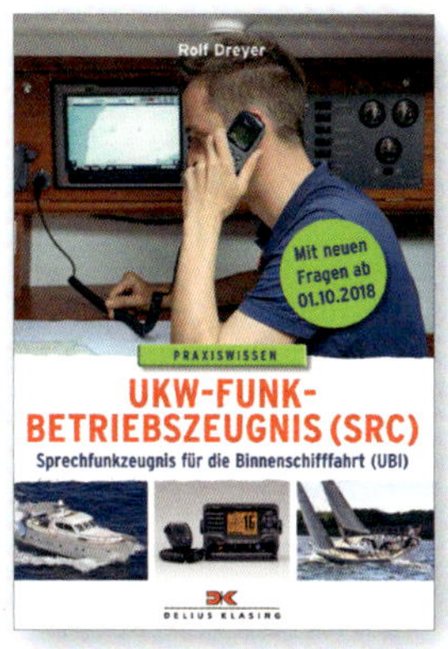

Rolf Dreyer
UKW-Funkbetriebszeugnis (SRC) und Sprechfunkzeugnis für die Binnenschifffahrt (UBI)
ISBN 978-3-667-11508-9

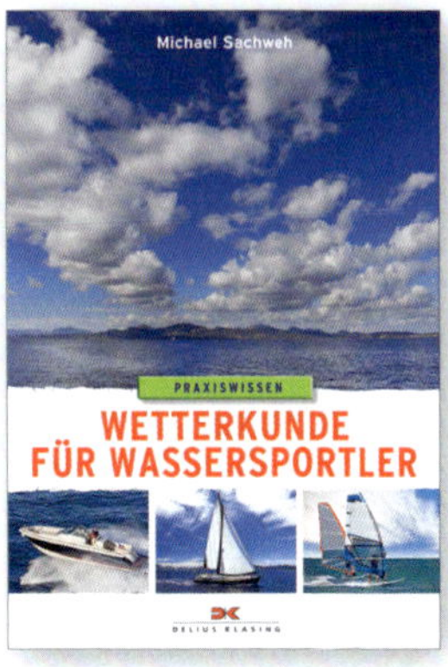

Michael Sachweh
Wetterkunde für Wassersportler
ISBN 978-3-667-11589-8

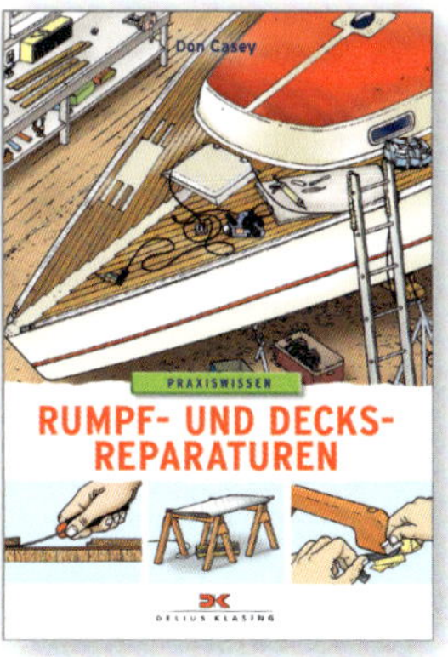

Don Casey
Rumpf- und Decksreparaturen
ISBN 978-3-667-110396-3

Für Herbert

Bibliografische Information der Deutschen Nationalbibliothek
Die Deutsche Nationalbibliothek verzeichnet diese Publikation in der Deutschen Nationalbibliografie; detaillierte bibliografische Daten sind im Internet über http://dnb.dnb.de abrufbar.

1. Auflage
ISBN 978-3-667-12355-8

Lektorat: Felix Wagner
Coverfoto: mihtiander/Getty Images o., divedog/stock.adobe.com u.l., Zebco Europe GmbH u.M., Vladimir Wrangel/stock.adobe.com u.r.
Titelrückseite: Zebco Europe GmbH
Umschlaggestaltung: Felix Kempf, www.fx68.de
Layout + Lithografie: : Mohn Media, Gütersloh
Druck: Print Consult GmbH, München
Printed in Slovakia 2022

Delius Klasing Verlag, Siekerwall 21, D-33602 Bielefeld
Tel.: 0521 /559-0, Fax: 0521/559-115
E-Mail: info@delius-klasing.de
www.delius-klasing.de

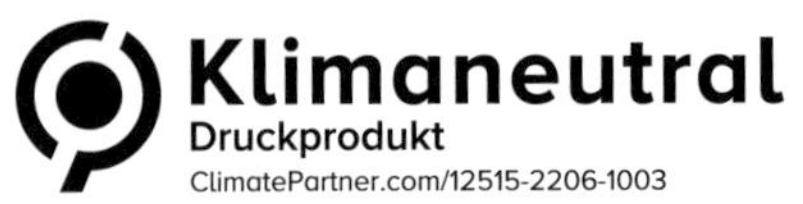

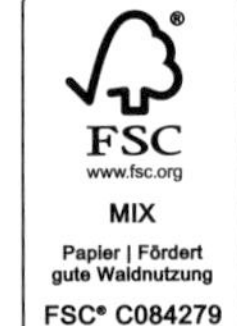